# ANJA ZEIDLER

# Sei glücklich,
## nicht perfekt

**Bibliografische Information der Deutschen Nationalbibliothek**
Die Deutsche Nationalbibliothek verzeichnet diese Publikation in der Deutschen Nationalbibliografie. Detaillierte bibliografische Daten sind im Internet über http://d-nb.de abrufbar.

**Für Fragen und Anregungen**
info@rivaverlag.de

**Wichtiger Hinweis**
Dieses Buch ist für Lernzwecke gedacht. Es stellt keinen Ersatz für eine individuelle medizinische Beratung dar und sollte auch nicht als solcher benutzt werden. Wenn Sie medizinischen Rat einholen wollen, konsultieren Sie bitte einen qualifizierten Arzt. Der Verlag und die Autorin haften für keine nachteiligen Auswirkungen, die in einem direkten oder indirekten Zusammenhang mit den Informationen stehen, die in diesem Buch enthalten sind.

Originalausgabe
3. Auflage 2019
© 2019 by riva Verlag, ein Imprint der Münchner Verlagsgruppe GmbH
Nymphenburger Straße 86
D-80636 München
Tel.: 089 651285-0
Fax: 089 652096

Redaktion: Simone Fischer
Umschlaggestaltung: Manuela Amode
Umschlagabbildung: Andrea Monica Hug
Innenabbildungen: S. 10, 13, 20, 25, 40, 53, 54, 76, 90, 91, 94, 97, 98, 101, 127, 136, 150, 165, 173, 177, 181, 182, 183, 190 Bea Zeidler; S. 15, 62, 75r, 84 Patrick Odermatt; S. 27 Chris Thiele; S. 28, 33, 34, 58, 59, 60, 68, 73, 74, 82, 88, 121, 141, 143, 149, 167 Anja Zeidler; S. 30, 36, 67 Pascal Heimlicher; S. 64 MAXIM Schweiz; S. 71 Nicky Jay; S. 75l Andreas Trächslin; S. 102, 139, 166, 169 Andrea Monica Hug; S. 107, 152 Isabella Joss; S. 156 Nives Arrigoni
Layout: Manuela Amode
Satz: Satzwerk Huber, Germering
Druck: Florjancic Tisk d.o.o., Slowenien
Printed in Germany

ISBN Print 978-3-7423-0861-0
ISBN E-Book (PDF) 978-3-7453-0503-6
ISBN E-Book (EPUB, Mobi) 978-3-7453-0504-3

Weitere Informationen zum Verlag finden Sie unter

# www.rivaverlag.de

Beachten Sie auch unsere weiteren Verlage unter www.m-vg.de

ANJA ZEIDLER

# Sei glücklich, nicht perfekt

## Wie ich aufgehört habe, mich ständig verbessern zu wollen, und angefangen habe, zu leben

**riva**

*Ich widme dieses Buch allen, denen es nicht immer leichtfällt, sich selbst zu lieben, und die auf der Suche nach Zufriedenheit und im Streben nach Erfolg und Ansehen mit stetigem Verbesserungsdrang vielleicht vergessen haben, dass alles, was wir brauchen, um glücklich zu sein, schon längst bei jedem von uns selbst vorhanden ist.*

*Meine Geschichte ist extrem – und doch ganz normal und alltäglich zugleich. Ich bin sicher, dass viele in meiner Entwicklung Parallelen zu ihrem Leben sehen, wenn auch nur in abgeschwächter Form. Ich möchte mit diesem Buch, von dem ich jedes Wort selbst getippt habe, zu mehr Selbstliebe, Selbstakzeptanz und Selbstfindung inspirieren.*

# INHALT

# VORWORT

*Irgendeiner der ersten Apriltage im Jahr 2015: Soll ich sie anrufen und fragen, wann sie ungefähr hier sein wird? Oder soll ich einfach sitzen bleiben und weiterhin warten? Wie wird sie wohl reagieren, wenn sie mich hier so unerwartet, völlig aufgelöst vorfindet? Wird sie sauer sein und sagen »Ich hab's dir ja gleich gesagt«?*

*Ich wohne eigentlich schon lange nicht mehr bei meinen Eltern, aber einen Schlüssel habe ich noch immer. Ich liege nun seit fast drei Stunden hier bei ihnen auf der Couch und warte darauf, dass meine Mama endlich nach Hause kommt. Ich kann mich kaum beruhigen. Ich bin völlig am Ende, aufgelöst, und die Tränen laufen mir nur so runter. Ich erlebe in diesem Moment meinen schlimmsten psychischen Zusammenbruch.*

*Ich hoffe, sie kommt bald. Ich brauche sie! Ohne sie werde ich es nicht schaffen, aus diesem elenden Teufelskreis rauszukommen. Eigentlich müsste ich jetzt gerade im Fitnessstudio sein, aber ich bin heute nicht hingegangen – und ich will auch nicht mehr hingehen! Ich will endlich den Absprung aus diesem Elend schaffen. Ich habe die Grenzen überschritten.*

Mein Name ist Anja Zeidler. Ich wurde am 27. Juli 1993 in Luzern geboren und ich bin wohl das bekannteste Fitnessmodel der Schweiz. Ich habe mir in der Fitnessszene (mittlerweile weit darüber hinaus) einen Namen gemacht und kann schon seit einiger Zeit als Person des öffentlichen Lebens gut davon leben.

Ich habe mir definitiv keine einfache Branche ausgesucht. Der Druck ist extrem. Ich muss nicht nur ständig in Topform sein, fit und vorbildlich meine neusten Fitnessrezepte preisgeben und neue Trainingspläne zusammenstellen, nach denen die Leute förmlich schreien. Wenn man in der Öffentlichkeit steht, wird auch von einem erwartet, immer alles perfekt zu machen. Oft wird vergessen, dass ich eigentlich auch nur ein Mensch bin, besser gesagt eine junge Frau, auf der Suche nach sich selbst.

Genauso, wie ich zu gewissen Weltstars hochschaue, sehen sich Hunderttausende meine Fitnessbilder auf Instagram und in Fitnesszeitschriften an. Sie bezeichnen mich als ihre Inspiration. Viele von ihnen wollen wissen, wie ich das mache, wie ich mich ernähre, wie ich trainiere, und einige von ihnen wünschen sich sogar, genau wie ich zu sein. Was für ein Kompliment und was für ein Druck zugleich!

Klar kann ich sehr vielen Menschen zu einem besseren Leben verhelfen, indem ich sie zu einer gesunden Ernährung und Sport animiere, und darauf bin ich sehr stolz. Nur bei mir selbst habe ich die Grenzen maßlos überschritten. Seit gut einem Jahr konsumiere ich Anabolika und darum geht es an diesem besagten Apriltag, tränenüberströmt bei meinen Eltern auf der Couch. Ich kann nicht mehr!

Wieso ich als 21-jährige Frau begonnen habe, Anabolika zu konsumieren, wusste ich, als ich 2014 damit anfing, nicht wirklich. Der Drang nach Erfolg und stetiger Verbesserung war größer als die Vernunft, meine Gesundheit zu bedenken und mein Handeln zu hinterfragen.

Ich war damals mental längst nicht so stark, wie ich es heute bin. Jetzt, einige Jahre später, wo ich nun dieses Buch schreibe, weiß ich, wieso ich mich selbst in dieser Welt des Perfektionismus verloren habe – und wieso es sehr vielen Leuten da draußen, auch bedingt durch die Digitalisierung des 21. Jahrhunderts, ähnlich geht!

*Sei glücklich, nicht perfekt!*

*Endlich höre ich ihren Schlüssel in der Tür. Mein Herz beginnt zu rasen. Meine Mutter kommt herein und lässt erschrocken ihre Handtasche fallen, als sie mich unangemeldet und tränenüberströmt auf der Couch vorfindet. Sie kommt sofort zu mir und nimmt mich in den Arm, bevor sie ihre Tränen selbst nicht mehr zurückhalten kann. Sie muss nicht fragen, was los ist, denn sie weiß es. Sie sieht die Reue und den Hilfeschrei in meinen Augen, denn niemand kennt mich so gut wie sie.*

Sie war immer meine engste Vertraute gewesen, der ich alles erzählte. Sie kannte mich in- und auswendig. Als ich aber meine Fitnesskarriere startete, distanzierte ich mich mehr und mehr von ihr und meinem gesamten Umfeld. Bewusst, denn sie alle konnten oder wollten meine Träume, als Fitnessmodel groß zu werden, nicht verstehen. »Sie sind halt Bünzli-Schwiizer«, dachte ich mir. »Sie haben alle keine Ahnung von der weiten Welt, in die ich hinaus will.«

Lange hielt ich den Kontakt zu meiner Mutter nur sehr oberflächlich, was mir eigentlich das Herz brach, aber das verdrängte ich damals. Heute weiß ich, es war aus Angst, dass sie mich zur Vernunft hätte bringen können. Sie wusste immer, dass diese ganze Bodybuildingsache meiner Person eigentlich überhaupt nicht entsprach. Sie kennt doch die Tochter, die sie neun Monate lang in ihrem Bauch getragen und mit so unglaublich viel Liebe und Fürsorge zusammen mit meinem Vater in Harmonie großgezogen hat.

Aber genauso weiß sie, dass ich noch nie auf sie – oder überhaupt irgendjemanden – gehört habe. Seit ich ein kleines Kind war, mache ich, was mein Dickkopf

für richtig hält. Mein Ehrgeiz und meine Grenzenlosigkeit bringen mich immer wieder zum Erfolg, aber oft falle ich auch hin und weiß schlussendlich, dass Mama recht hatte. Auch dieses Mal ist das wieder so.

*»Mama, ich kann nicht mehr, ich brauche euch, ich schaffe es nicht allein! Ich will wieder ich sein dürfen, ich habe mich komplett verloren. Darf ich vorerst hier bleiben und wieder bei euch einziehen? Ich bin sehr allein.«*

*Erst seit wenigen Monaten sehe ich ein, dass ich ein Problem habe. Ich bin süchtig – süchtig nach Krafttraining, Anabolika, Kontrolle und Perfektion. Ich leide unter Essstörungen wie krankhaftem*

*Kalorienzählen, Binge Eating und Bulimie. Schon zweimal habe ich versucht, all das zu beenden. Zweimal wurde ich rückfällig. Die letzte Chance, die ich noch sehe, ist Hilfe von meinen Eltern in Anspruch zu nehmen.*

*»Mein Kind, du kannst so lange hier bleiben, wie du uns brauchst. Wir sind für dich da und stehen das gemeinsam durch. Wir schaffen das! Du wirst wieder zurück zu dir selbst finden, wir sind da.«*

An diesem Tag begann mein Weg zurück zu mir selbst. Es war ein harter Kampf. Ein harter Kampf auf der Suche nach meiner wahren Persönlichkeit und des Erlernens von Selbstliebe!

An diesem Weg möchte ich dich nun teilhaben lassen und dir zeigen, wie auch du zu dir selbst finden und dir immer treu bleiben kannst. Sei es die Meinung anderer, Rückschläge in Liebesbeziehungen, der Kampf mit dem eigenen Körper, das ewige Ringen um genug Motivation – ich habe in all diesen Bereichen viele Rückschläge erlebt und

*Selbstliebe ist das Kernthema meines Lebens – und dieses Buches!*

dadurch unglaublich viele Erfahrungen gesammelt, bevor ich es schaffte, mich selbst zu akzeptieren, auch nach außen die Anja zu sein, die ich wirklich bin, und mit meinem Unternehmen Erfolg zu haben. Mit diesem Wissen möchte ich dir helfen!

# 1

# Selbstbewusst du selbst sein

Wer bin ich eigentlich und wie sehen
mich andere Menschen? Bin ich das, was andere
Leute möchten, bin ich so, wie sie mich sehen?
Oder bin ich vielleicht doch ganz anders? Was will
ich im Leben, was sind meine Ziele, meine Träume und
vor allem: Was macht mich glücklich? Ich möchte dir
in diesem Kapitel zeigen, wie es für mich war, nie ich
selbst zu sein, und welche Umwege ich gemacht
habe, bis ich die wirkliche Anja gefunden habe.
Vielleicht inspiriert dich das, dich auch auf
die Suche nach dir selbst zu begeben.

# DER LANGE WEG DER SELBSTFINDUNG

Ich habe lange gebraucht, um Antworten auf die Fragen von der vorigen Seite zu finden. Es war ein harter Weg, mir all das zunächst einmal bewusst zu machen und dann umzusetzen, bis ich schließlich irgendwann der Mensch war, der ich wirklich bin und sein will.

Egal, wie hart es ist, zu sich selbst zu finden, mit wie vielen Schmerzen, Trennungen, Steinen, die einem in den Weg gelegt werden, und Irrwegen, auf die man gerät, man kämpfen muss – die Suche nach sich selbst lohnt sich. Denn wenn du erst einmal der Mensch bist, der tief in dir steckt, den du liebst, so wie er ist, und der so ist, wie er selbst sein will, und nicht, wie vielleicht andere ihn haben wollen, dann bist du bei dir angekommen, dann bist du glücklich.

## Die böse »Porsche«-Schlagzeile

Ich erinnere mich noch sehr gut daran, wie ich am 14. Oktober 2014 aufwachte. Bis zu diesem Tag war meine Welt völlig in Ordnung gewesen. Ich lebte in meiner ersten eigenen Wohnung in Luzern. Es war eine Zweieinhalbzimmerwohnung und ich liebte sie. Wie immer hatte ich wunderbar geschlafen – doch beim Erwachen an diesem 14. Oktober 2014 traf mich fast der Schlag. Dieser Tag hat meine Karriere geprägt, denn an diesem Tag erschien »die« Schlagzeile: »Mein Freund hat einen Porsche. Und deiner?«

Ich wage zu behaupten, dass ich so ziemlich allen Schweizer Lesern dieses Buches nicht weiter erklären muss, was es damit auf sich hat. Für diejenigen, die nur Bahnhof verstehen, möchte ich kurz ausholen:

Ich war zu diesem Zeitpunkt bereits als das bekannteste weibliche Fitnessmodel der Schweiz in aller Munde – bis zum 14. Oktober 2014 eigentlich positiv, aber an jenem Tag änderte sich das. Die Porsche-Schlagzeile bezog sich auf mich und meinen damaligen Freund, den Schweizer Bodybuilder Mischa Janiec.

*Ein Bild von mir aus 2015, mit Brustimplantaten, Anabolika & Co.*

Mischa hatte mich Mitte 2014 in die You-Tube-Welt eingeführt, wofür ich ihm ewig dankbar sein werde. Ich hatte damals erst angefangen, deutschsprachige YouTube-Videos zu drehen. Für mich war das alles absolutes Neuland. Zudem war ich in dieser Zeit einfach nicht ich selbst. Ich steckte mitten in meiner Bodybuildingzeit, pumpte mich mit Anabolika voll, quälte mich durch zahlreiche Diäten, weil ich damals konstant dachte, ich sei nicht gut genug, so wie ich von Natur aus war.

Rückblickend kann ich heute sagen, dass ich mich damals vor der Kamera und allgemein in der Öffentlichkeit extrem verstellte. Ich hatte nicht den Mut, so zu sein, wie ich eigentlich war – weder nach außen noch vor mir selbst –, beziehungsweise wusste ich noch gar nicht wirklich, mit 21 Jahren, wer ich war. Mein ganzes Auftreten war sehr gestellt, auch wenn das keine Absicht war, sondern Unsicherheit.

Mischa hat hart gearbeitet, um sich seine eigene Firma aufzubauen, und er erfüllte sich, als er genug Geld zusammengespart hatte, seinen Traum von einem Porsche. Ich bin überzeugt davon, dass auch Mischa heutzutage andere Lebensträume als ein Auto hat. Er ist ein guter Mensch, das weiß ich. So wie ich das aus der Ferne beobachten kann, hat auch er sich entwickelt. Kontakt haben wir keinen mehr, aber man bekommt hier und dort etwas mit.

Genau wie sich Mischas Lebensziele wohl verändert haben, sind auch meine nicht gleich geblieben. Auch mich würde heutzutage ein teures Auto nicht mehr beeindrucken. Jedoch war ich damals sehr stolz auf ihn und habe mich für ihn gefreut. Er hat sich mit viel Fleiß und Schweiß seinen damaligen Herzenswunsch erfüllt.

Mischa und ich stellten zu diesem Zeitpunkt fast täglich ein Video auf YouTube. Es gab kaum etwas, das wir ausgelassen haben. Somit kam es, dass ich schließlich auch ein Video mit ihm zusammen drehte, das ich heute nicht mehr so drehen und erst recht nicht veröffentlichen würde. Oh Gott, das Porsche-Video ist schrecklich!

### Was es damit auf sich hat?

Kurz zur Erklärung: Als Mischa sich seinen Lebenstraum erfüllte und mir seinen zusammengesparten Porsche voller Stolz präsentierte, freute ich mich als seine damalige Freundin natürlich für ihn und wollte meinen Followern auf YouTube zeigen, dass ich stolz auf meinen Freund war. Leider verwendete ich dafür die völlig falschen Worte und das gesamte Video wurde von meinem Schweizer Publikum als Protz aufgefasst. Zu dieser Zeit irrte ich irgendwo im Nirgendwo herum, auf der Suche nach mir selbst. Ich hatte absolut keine Ahnung, was ich mit den Worten »Mein Freund hat einen Porsche. Und deiner?« auslösen würde.

Das Originalvideo dauerte etwa zehn Minuten. Darin erklärte ich, wie stolz ich auf Mischa war und darauf, dass er sich in seinem jungen Alter schon so viel erarbeitet hatte, und dass ich mich für ihn freute. Die Medien schnitten dieses Video auf einige Sekunden zusammen, sodass für den Zuschauer nicht erkennbar war, dass ich eigentlich nur meine Freude für meinen Freund ausdrücken wollte – wenn auch auf taktlose Weise. Von dem rund zehnminütigen Video blieben nur die wenigen Sekunden übrig, in denen ich den eigentlich leicht ironisch gemeinten Satz sagte: »Es ist schon toll, wenn du sagen kannst: Ach, mein Freund? Der hat sich jetzt gerade einen Porsche gekauft. Und deiner?«

Natürlich muss ich der Presse recht geben, dass mein Humor sehr gewagt und unangebracht war. Das ganze Video war überflüssig. Welcher Mensch dreht ein Video und zeigt darin ein Auto? Was hat das für einen Nutzen? Keinen, richtig! Dieses Video war die pure und unüberlegteste Provokation überhaupt, auch wenn ich das keineswegs so beabsichtigt hatte. Ich hatte mir schlicht und einfach nichts dabei gedacht. Das passiert im Leben. Bei den einen in der Öffentlichkeit, bei den anderen im Privaten, ohne dass die Medien und die gesamte Öffentlichkeit etwas davon mitbekommen.

## Was ich daraus gelernt habe

Seit dem 14. Oktober 2014 ist viel passiert. Die Jahre vergingen und ich bin trotz allem bis heute nie von der Bildfläche verschwunden. Im Gegenteil: Mittlerweile konnte ich mehr als beweisen, was wirklich in mir steckt.

Ich habe mich von dieser besagten Schlagzeile (und einigen anderen, die folgten) nicht unterkriegen lassen. Ja, sie haben mich verletzt, weil sie oft sehr ungerecht verfasst wurden. Keiner kannte mein wahres Ich und interessierte sich auch nicht dafür.

Aber im Grunde kannte ich es selbst nicht und kann es also keinem Journalisten oder damaligen Hater wirklich übel nehmen. Ich war verdammt jung und unerfahren, als mein Leben in der Öffentlichkeit begann.

Ich hatte schon immer diese Löwenstärke, diese Kämpfernatur in mir, die sich sagt: »Und auch wenn du die ganze Welt gegen dich hast, und auch wenn du ganz verlassen und allein deinen Weg gehen musst, du gehst ihn! Du hörst nicht auf deine Hater! Du lässt dir nicht deinen Traum von ihnen verderben!«

Nur wer das kann, all dem Druck standhalten, dem Gerede von Mitmenschen, teilweise sogar Kameraden und Freunden, und Ungerechtigkeiten wie solche Artikel über sich ergehen lassen kann, nur derjenige schafft es an die Spitze.

### Die Konsequenzen

Natürlich wollte ich mit diesem Video niemanden verärgern, auch wenn ich in den Ausschnitten unausstehlich wirkte. Ich war künstlich. Aus Unsicherheit. Ich war zu dem Zeitpunkt, als ich dieses Video publiziert hatte, einfach zu jung, zu gutgläubig und zu unerfahren, um zu begreifen, was dieses Videomaterial auslösen würde. Auslösen – und wie das etwas ausgelöst hat!

Als ich an diesem Oktobermorgen aufwachte, war mein Handy voller Nachrichten von Bekannten und Freunden: »Anja, bist du okay? Hast du schon die *20 Minu-*

*ten* gelesen?« Nein, ich war nicht okay. »Scheiße Anja, was hast du dir dabei gedacht?«, fragte ich mich wieder und wieder.

Ich hatte einen Fehler begangen. Ich hatte zu wenig nachgedacht. Wer mich
kannte, wusste, dass dieser Satz keineswegs ernst gemeint gewesen war. Aber für
alle, die mich nicht kannten, wirkte er arrogant und anmaßend.

Ich sagte an diesem Tag all meine Termine ab. Auch an den Tagen danach. Die
Medien und meine Hater hatten es geschafft, mich zu verletzen. Das alles zog
mich enorm runter. Ich verließ meine Wohnung nicht ein einziges Mal, ich wollte
niemanden sehen. Ich ließ mir ein heißes Bad ein und blieb darin liegen, stundenlang. Genauer gesagt über vier Stunden. Das Wasser war irgendwann längst kalt,
aber ich starrte einfach an die altmodischen grünen Badezimmerfliesen in meiner
ersten kleinen eigenen Wohnung und war zutiefst traurig. Alles, was mir durch
den Kopf ging, war: »Nun habe ich alles, was ich mir so hart aufgebaut habe, mit
diesem einen Video zerstört. Meine Karriere ist vorbei!«

Ich fragte mich, wieso dieser Journalist so fies war, warum hatte er mir eins auswi-
schen wollen? Ich hatte es doch gar nicht so gemeint. Warum hatte er sich das so
zurechtgelegt, dass es noch zehnmal bescheuerter aussah, als es ohnehin schon
war? Meine erste Lehre aus diesem Ereignis war: Traue nie einem Journalisten.
Nie! Er meint es nicht gut mit dir. Es geht nur um Knüller, Schlagzeilen, Klicks und
Leserquoten.

Zudem taten mir meine Freunde und meine Familie leid, denn auch sie wurden
auf diesen Artikel angesprochen. Für mich war der Gedanke extrem schlimm,
meine Eltern enttäuscht zu haben. Ich wollte sie stolz machen, ich wollte ihnen
keine Scham und Enttäuschung bringen. Vor allem mein Papa tat mir leid, denn
er wurde von seinen Kollegen im Büro darauf angesprochen. Was soll ein Vater
schon dazu sagen? Er will doch stolz auf seine Tochter sein.

Dieser Artikel war bis heute der wohl fieseste, negativste und prägendste in meiner ganzen Karriere. Aber: Ohne diese Porsche-Schlagzeile würde ich heute nicht
hier stehen! Sie war eigentlich die beste PR, die ich jemals bekommen habe.

# Mein Tipp für dich

Bestimmt hast du es auch schon mal erlebt – wenn auch nicht von der Presse –, dass man dich in ein unrechtes Licht gestellt hat. Leute reden und spotten über dich und du leidest darunter. Wie sollst du dich rechtfertigen? Was sollst du machen, wenn alle schlecht von dir reden und eine negative Meinung über dich haben?

Ich verstehe die Unruhe, die so etwas mit sich bringt, nur zu gut. Ich hatte nicht nur ein paar Freunde gegen mich, sondern fast eine ganze Nation. Aber weißt du was? Rückblickend habe ich viel zu viel Energie damit verschwendet, mir Gedanken über die Meinung anderer zu machen. Wieso solltest du denn überhaupt etwas tun? Du wirst niemals für sie denken können und du wirst es, ganz egal, was du tust, nie allen recht machen können. Es wird immer Leute geben, die dich doof finden und die schlecht von dir denken. Du darfst das Problem anderer aber nicht zu deinem Problem machen!

Glaube mir eins: Wer Gerede glaubt und unüberlegt nachplappert, was ihm zu Ohren kommt, der beweist nicht wirklich viel Charakter. Man sollte sich von jeder Situation oder Person immer ein eigenes Bild verschaffen, bevor man ein Urteil fällt. Es gibt Menschen, die sich über dein Fallen freuen, aber auf die solltest du freiwillig verzichten. Gib ihnen keine Macht! Du kannst nicht mit allen gut Freund sein. Distanziere dich von allem und jedem, das oder der dir schaden will.

Es spielt keine Rolle, wie oft du hinfällst, wer dich auslacht, nicht an dich glaubt oder sich gegen dich stellt. Lass dir niemals einreden, du hättest nicht das Zeug dazu, dein Ziel zu erreichen! Was auch immer dein Ziel ist, woran auch immer du gerade arbeitest: Du wirst dann scheitern, wenn du auf das Gerede anderer hörst und den Glauben an dich selbst dadurch aufgibst.

Der Einzige, der an dich glauben muss, bist du! Was die anderen glauben, ist irrelevant. Hör nicht auf, dich durchzuboxen, egal wie schwer und wie unfair es manchmal sein kann.

Du kannst das!

Ja, ich bin durch die Hölle gegangen, ich hatte die ganze Schweiz gegen mich. Das Land hat über mich gespottet. Es fühlte sich an wie Mobbing – die Leute kennen dich nicht, aber reden fies über dich. Die Journalisten kennen dich nicht, aber schreiben über dich. Schreiben, was sich verkauft! Und die Leser, die zu einem Großteil noch immer blauäugig davon ausgehen, dass das, was in den Medien steht, stimmt, glauben oftmals ohne zu hinterfragen alles, was sie lesen.

### Was geschah nach der Porsche-Schlagzeile?

Auch Jahre danach bekam ich noch immer zu hören: »Ach sooo, du bist die mit der Porsche-Geschichte von damals?« Obwohl ich in der Zwischenzeit sehr viele positive Dinge vollbracht hatte, blieb den Leuten diese Negativgeschichte präsent. Ist dir schon mal aufgefallen, dass uns Positives nur halb so fesselt, wie es Negatives tut? Skandale sind spannend!

Mit den Jahren und den Erfahrungen wurde ich reifer. Vieles veränderte sich und irgendwann kamen auch die Medien nicht mehr daran vorbei, meine immer positiveren Taten aufzugreifen. Ich glaube, es gibt nicht viele Schweizerinnen meines Alters und Metiers, die so präsent in den Medien vertreten sind, wie ich es seit Jahren bin. Vor allem am Anfang meiner Karriere wurde nicht immer positiv und nett über mich berichtet. Aber ich habe die mediale Präsenz trotzdem genutzt, um aus mir die Person zu machen, die ich heute bin. Vermutlich würde ich heute kein Buch schreiben, wenn die Dinge nicht genau diesen Lauf genommen hätten.

*Ungeschminkt und mit meinen Naturlocken (2018)*

## Was ich daraus gelernt habe

Ich habe gelernt, auf die effizienteste Weise mit Negativität umzugehen, unwichtige Dinge an mir abprallen zu lassen und mich auf das Wesentliche zu konzentrieren.

Ich wusste schon immer: Die Meinung anderer definiert mich nicht! Anfangs war es jedoch schwer, stets optimistisch zu denken, vor allem, weil ich das Licht am Ende des Tunnels wirklich kaum erkennen konnte. Aber ich habe gelernt, geduldig zu sein, niemals aufzugeben und durchzuhalten!

Zudem hätte ich keine solch verrückten Geschichten und – viel wichtiger – keine solch wichtigen und bereichernden Erkenntnisse zum Thema Selbstliebe weiterzugeben, wie ich es nun durch alles, was mir wiederfahren ist, habe. Heute werde ich als Selflove-Influencerin beschrieben, gelte als Motivation und Inspiration und möchte in erster Linie meinen Followern helfen, zu sich selbst stehen zu können.

Jahre nach der Porsche-Schlagzeile, im Frühjahr 2017, folgte ein Moment, in dem ich die Chance bekam, mich von meiner wahren und positiven Seite zu zeigen. Ich war Talk-Gast in der Sendung *CLUB* beim größten TV-Kanal der Schweiz, dem SRF. In dieser Livesendung diskutierte ich 90 Minuten lang zum Thema Körperkult mit. Das Publikum, hinter dem vermutlich die halbe Nation steckte, konnte zuschauen und feststellen, dass hinter meinem Wesen, wenn ich unzensiert reden darf und nicht durch die Zeilen eines Boulevardjournalisten dargestellt werde, doch etwas mehr als bislang angenommen steckt und zum Nachdenken anregende Worte aus meinem Mund kommen.

*Habe ein bisschen Geduld und habe Vertrauen. Das Leben meint es schlussendlich gut mit dir!*

Diese TV-Sendung schlug genauso starke Wellen wie die Porsche-Geschichte, nur diesmal ausschließlich positive. Das hatte ich – was ich nach all den Jahren bösem Gerede zu behaupten wage – auch verdient.

# Mein Tipp für dich

Nutze deine Zeit sinnvoll. Wache über deine Gedanken, denn sie werden zu Taten, und handle durchdacht.

Ich persönlich habe aufgehört, Zeit damit zu verschwenden, mich über schlechtes Gerede über mich aufzuregen. Ich fokussiere mich auf das Positive und somit denke, lebe und handle ich positiv. Mit dieser Lebensweise kann einen so schnell nichts aus der Ruhe bringen.

Und weißt du was? Auch in deinem Leben passiert viel Positives! Du musst nur wagen hinzusehen und die Schönheit des Lebens in den Fokus nehmen – nicht das Negative, sonst wird sich nichts verbessern.

Der Weg aus der Negativspirale ist das positive Denken!

# HOLLYWOOD UND BLITZLICHTGEWITTER

Damit du meine gesamte Entwicklung, meinen Weg zur Natürlichkeit und die Zurückfindung zu mir selbst besser verstehen kannst, möchte ich zuerst von sehr persönlichen, teilweise schockierenden Momenten aus meinem Leben erzählen. Sie haben mich geprägt, auf die unterschiedlichste Art und Weise, bewusst und unbewusst.

Die wahnsinnige Zeit in Los Angeles wird ein Leben lang in meinen Erinnerungen bleiben. Jeder Moment, auch der absurdeste, hatte Einfluss auf meine persönliche Selbstfindung. Lass uns die Zeit zurückdrehen und gemeinsam durch meine Erlebnisse in Los Angeles gehen.

## Tschüss Schweiz – hallo Hollywood!

*Wieso eigentlich USA? Was will ich da überhaupt? Wonach suche ich dort? Will ich in Hollywood bekannt werden, groß rauskommen und nie mehr nach Hause zurückkehren?*

Damals dachte ich, das sei mein Lebenstraum – aus heutiger Perspektive und etwas selbstreflektierter weiß ich, dass es eigentlich um etwas komplett anderes ging. Es ging nicht darum, es in Hollywood zu schaffen. Es ging darum, etwas zu beweisen! Unter anderem mir selbst, vor allem aber den Leuten zu Hause, die mich belächelten oder nicht an mich glaubten. Wer sich in der Entertainmentbranche etablieren will und es in Hollywood schafft, hat die Mission erfüllt, denn eine Hollywood-Bilderbuchkarriere ist durch kaum etwas zu übertreffen. Wenn du Hollywood hast, bist du glücklich!

Ach, wie naiv ich nur war… Während all der Zeit, die ich dort verbrachte, erlebte ich am eigenen Leib, wie es hinter den Kulissen aussieht und was diese Scheinwelt mit einem und der eigenen Psyche anstellt.

## Mein Start in L.A.

Ende 2011, im Alter von 18 Jahren, war ich zum ersten Mal für vier Monate in Kalifornien. In Santa Barbara, einem wunderschönen Ort, nicht weit vom Geschehen in Los Angeles entfernt, lebte ich in einer Gastfamilie und perfektionierte mein Englisch, was mir bis heute von Nutzen ist.

So viele Erinnerungen kommen bei mir auf, wenn ich an diesen Sprachaufenthalt zurückdenke. Eine davon ist, dass ich völlig fasziniert vom amerikanischen Lebensstil war und gar nicht mehr nach Hause in die Schweiz zurückkehren wollte. Im Vergleich zu meinem gewohnten Zuhause kam mir dort alles so surreal vor – und genau das faszinierte mich. Surreal wird bewundert – in vielen Aspekten! Aus diesen Eindrücken entwickelte sich später mein Traum, in diesem Land bekannt zu werden und groß rauszukommen.

Nach erfolgreichem Abschluss des Sprachaufenthaltes dauerte es nicht lange und ich buchte im April 2013 wieder einen Flug zurück in die Staaten. Dieses Mal nicht, um in die Schule zu gehen, sondern um meine Karriere auf das nächste Level zu bringen. Außerdem hatte ich Liebeskummer und wollte von Zuhause weg. Jetzt oder nie. Ich würde nun auf mich schauen, auf meine Träume, meine eigenen Ziele erreichen und meine ersten Connections in L.A. herstellen, denn ich wollte es dort schaffen!

Meine L.A.-Zeit startete bescheiden via Airbnb. Es erforderte zwar viele Niederlagen, aber es dauerte nicht lange, bis ich wie eine Rakete durchstartete und für kurze Zeit in der Upperclass bei Justin Bieber, Michael Bay und Trey Songz zu Besuch war. Doch zunächst fing alles mit einem kleinen Zimmer bei Russel direkt am Robertson Boulevard im Zentrum von Los Angeles an. Ich hatte geplant, dieses Zimmer für drei Monate zu mieten – was am Ende jedoch etwas anders kam, da Russel schnell beängstigende psychopathische Züge zeigte und mich zur Flucht zwang.

Russel vermietete noch zwei weitere Zimmer. Eines an zwei deutsche Mädchen, Larissa und Katja, von denen ich noch heute ab und zu etwas via Instagram höre. Wir waren in der Zeit eng befreundet und ließen uns – man lebt ja nur einmal – sogar gemeinsam tätowieren. Ich ließ mir die römischen Ziffern VII und IV auf die Hand stechen. 7/4 hat für mich drei Bedeutungen:

*Auf diesem Bild kann man mein VII/IV-Tattoo gut erkennen.*

1. 4. Juli = 4th of July, der Unabhängigkeitstag der USA – eines Landes, das für mich für immer etwas Besonderes sein wird.
2. Unabhängigkeit an sich ist mir extrem wichtig. Ich will immer unabhängig bleiben! Ich will für mich selbst sorgen können und auf nichts angewiesen sein.
3. Wenn man die Zahlen dreht, ergibt sich der 7. April, das Geburtsdatum meiner besten Freundin seit der Kindheit, die immer zu mir gestanden hat, egal, was war.

Ein weiteres Zimmer war an Eve, eine 60-jährige Frau aus Kapstadt vermietet. Eve war die Coolste überhaupt! Ich erinnere mich an stundenlange Gespräche im Schaukelstuhl auf der schönen Veranda mit ihr. Eve meinte schon damals zu mir: »Eines Tages werde ich dein Gesicht überall sehen und stolz sein. Du hast, was es braucht!« Wir pflegten noch jahrelang Kontakt via E-Mail und sie hat jeden Artikel von mir, auf den sie gestoßen ist, aufbewahrt.

## Einstieg in die Fitnessszene

Eines Nachmittags erkundeten Larissa, Katja und ich die Gegend. Zufällig liefen wir an einem großen, grauen Gebäude am Hampton Drive vorbei. Über dem Eingang befand sich ein auffälliger gelber Schriftzug: GOLD'S GYM.

Wow, ich stand tatsächlich vor dem weltbekannten Fitnessstudio, in dem Arnold Schwarzenegger, The Rock, 50 Cent und weitere Hollywoodstars regelmäßig ein- und ausgingen. »Giiiirls! Ich muss unbedingt da rein!« »Ins Fitnessstudio? Jetzt?«, fragte Larissa entgeistert. »Ja, ich muss da rein. Geht ihr schon mal vor. Ich will jetzt hier rein und mich anmelden.«

Ich ließ die beiden zurück, denn ich sah nur noch meinen Fitnessmodel-Traum vor mir – Wahnsinn, alles Bodybuilder, alles Leute, die meinen Lifestyle verstanden! Ich meldete mich direkt an und absolvierte noch am selben Tag mein erstes Training.

Eines Abends war ich völlig vertieft beim Training, als mir plötzlich von hinten jemand auf die Schulter klopfte. »Hey russischer Superstar, ich hab dich hier schon mal gesehen. Was machst du so? Ich bin David. Du siehst fantastisch aus!«

Russischer Superstar? Wohl wegen meines Tattoos in russischer Schrift auf der Schulter. Woher ich wirklich kam, fragte David nicht; das spielte für ihn auch keine Rolle – mein Aussehen gefiel ihm und er sah in mir Potenzial. Das war alles, was in Los Angeles zählte. Was du sagtest, konntest oder dachtest, war eigentlich egal. Ich lernte schnell …

So lernte ich David kennen. Er war ein hohes Tier bei einem großen Filmstudio und wollte mich Clive vorstellen. Clive, dem bekannten Celebrity-Trainer! Ohne mich groß zu Wort kommen zu lassen, nahm David eines seiner Handys und rief ihn an. »Clive, ich hab hier einen russischen Superstar, komm mal rüber ins GOLD'S GYM. Ich will, dass du dieses Mädel trainierst!«

Nur wenige Minuten später kam Clive angefahren. Er sah genauso aus wie auf Instagram, wo ich ihm schon länger folgte. Mein Herz schlug bis zum Hals, ich war aufgeregt. »Der« Clive, der all meine Instagram-Vorbilder trainierte, kam wirklich hierher? Meinetwegen? Wow!

Clives Erscheinungsbild erinnerte mich ein bisschen an das eines Hells Angels. Er sah aus wie einer, mit dem man sich besser nicht anlegte. Aber er war freundlich. »Du willst also eine Athletin werden? Was hast du bisher erreicht?«, fragte mich der übernatürlich muskulöse Mann.

*Ich, posierend vor dem
GOLD'S GYM in Venice Beach*

»Ja, ich bin den weiten Weg aus der Schweiz hierhergekommen, um groß rauszukommen. Ich war schon in zwölf Ausgaben des *Muscle & Fitness* Magazins überall auf der Welt, in Europa, Asien und sogar in Brasilien«, antwortete ich selbstbewusst.

David kreischte auf: »Das Mädel hat's echt drauf, Clive!«

David war sehr nett, hatte aber definitiv einen Dachschaden, wie so viele in dieser L.A.-Szene. Er wirkte, als sei er auf Dauerkoks. Er redete unerträglich viel und unerträglich schnell. Er trainierte jeden Tag im GOLD'S GYM, sah mit seinem Übergewicht aber überhaupt nicht danach aus. Doch er war nett und respektvoll und schien definitiv die Connections zu haben, die ich brauchte. Zudem hatte ich keine amerikanischen Freunde, also ließ ich mich auf den Kontakt mit David und das Training mit Clive ein.

Clive trug immer eine Sonnenbrille, war tätowiert und fuhr einen BMW, auf den er sehr stolz war. »Siehst du, ich fahre ein deutsches Auto. Fühlt sich für dich doch sicher ein bisschen wie daheim an, wenn du es siehst, oder?« Eigentlich nicht, Clive, dachte ich mir nur, die Schweiz ist nicht Deutschland, aber egal.

Das erste gemeinsame Training fand gleich am darauffolgenden Tag statt. Clive fragte mich als Erstes, was für Supplements ich konsumierte. »Whey Protein, Kreatin, BCAAs…«, antwortete ich, überzeugt davon, seine Frage zu beantworten.

Er lächelte nur, machte mir dann aber deutlich, dass ich nicht verstanden hatte, was er meinte. Er sprach nicht von Whey Protein Pulver, sondern von Anabolika.

Ich gestand ihm, dass ich schon öfter daran gedacht, mich aber nicht wirklich getraut hatte, welche zu nehmen. Ich war nicht doof, ich konnte selbst in etwa abschätzen, was auf natürlichem Level erreichbar war und was nicht. Die Fitness-vorbilder, die ich auf Instagram beobachtete, waren definitiv nicht natürlich. Mir war klar, dass sie mit Doping nachgeholfen hatten. Aber wirklich sicher war ich mir auch nicht …

»Du brauchst gar nicht viel. Nur ein kleines bisschen HGH und einen Hauch Ana-var in Kombination mit etwas Clenbuterol und Ephedrin – das reicht schon!« Schwups, hatte er für mich ein Rezept erstellt.

Ja, ich hatte Respekt davor, aber nun ja, mir war die Sache mit Hollywood ernst. Ich wollte Fitnessmodel werden und so wie ich jetzt aussah, war ich anscheinend noch keines. Es musste an meinem Aussehen liegen, aber das konnte ich ja relativ pro-

blemlos ändern! Darum drehte sich damals alles bei mir. So sahen meine selbstzweifelnden, naiven Gedanken aus …

Früher war ich ein fröhliches Mäd-chen gewesen und hatte immer stolz meine Meinung gesagt. Irgendetwas hatte den Glauben an mich selbst verändert. Dafür verantwortlich wa-ren unter anderem einige geschei-

*Die britische Ausgabe des Muscle & Fitness Magazins. Diese Doppel-seite erschien 2013 in den USA, in UK, Russland, Spanien, Frankreich, Italien, Deutschland, Österreich, Schweiz, Mexiko, Korea und Schweden.*

## Mein Tipp für dich

Mach nicht die gleichen Fehler wie ich. Lass dir von niemandem Dinge einreden oder aufschwatzen, die nicht gut für dich sind.

Ich habe einen hohen Preis dafür bezahlt, dass ich diesem Fitnesswahn verfallen bin und all dieses Zeug in mich reingestopft habe. Im Nachhinein kann ich sagen: Das war es nicht wert. Ich fühle mich viel wohler in meiner Haut, seitdem ich wieder so bin, wie ich ganz natürlich bin. Denn genauso bin ich gut.

Und das bist du auch! Du bist toll, so wie du bist! Du musst dich für nichts und niemanden verbiegen.

terte Beziehungen, die mich immer wieder an mir selbst zweifeln ließen. Einen großen Beitrag zu meinen Selbstzweifeln lieferte aber die Fitnessszene allgemein. Egal, wie gut das Training war, das ich gerade geschafft hatte, es ging immer darum, schnellstmöglich meine Leistungen zu toppen und mich zu steigern. Ich sagte mir damals: »Wenn es die Voraussetzung ist, für meinen Erfolg meine Gesundheit zu riskieren, dann ist es nun mal so.«

Und Clive meinte: »Du hast verdammt gute Anlagen, alles was du brauchst, ist ein kleiner Kick. Vertrau mir, Süße, in diesem Spiel ist niemand natürlich.« Er wollte mich nicht verheizen. Das richtete ich später selbst an ...

## Brauche ich eine Brust-OP?

In der Schweiz war ich zu diesem Zeitpunkt schon recht bekannt. Die Presse schrieb regelmäßig über mich und berichtete darüber, was ich aktuell in L.A. alles erlebte. Irgendwann wurde Chris, ein deutscher Journalist, der seit über zehn Jahren in Los Angeles lebte und mit einer Amerikanerin verheiratet war, auf mich aufmerksam. Er kontaktierte mich via E-Mail. Er wollte mich treffen, während ich in L.A. war, und einen Artikel für einige deutsche und schweizerische Zeitungen schreiben.

*Durchtrainiert und in
Topform, aber zu wenig
Busen für die Titelseite*

Nach und nach wurde Chris für mich zu einem meiner engsten Vertrauten, denn die europäische Mentalität sucht man bei den Amerikanern vergebens. Er war auch derjenige, der mich bei einem späteren Aufenthalt einer jungen Frau in meinem Alter vorstellte, mit der ich noch sehr viel erleben sollte: Marita. Auch sie war Deutsche und hatte denselben Plan wie ich: es in Hollywood zu schaffen! Sie war wie ich recht groß, 1,77 Meter, hatte blondes langes Haar und war schlank.

Marita und ich realisierten schnell, wie es in L.A. lief. Wir brauchten Connections. Diese konnten wir auf den wichtigen Partys knüpfen. Also schlossen wir uns zusammen und starteten einen regelrechten Party-Marathon. Es war anstrengend. Oft waren wir total erschöpft vom nächtelangen Durchfeiern und Connecten und wären lieber zu Hause geblieben, um gemeinsam einen Mädelsabend zu machen, wie wir das von zu Hause kannten. Aber Mädelsabende mit Pizza vor dem TV gibt es in Hollywood nicht. Dort lässt man keine Gelegenheit aus, um die richtigen Leute zu treffen. Zudem hat man in der Hollywoodszene keine wahren Freunde, mit denen man mal etwas Entspanntes machen könnte. Dort dreht sich alles nur ums stundenlange Stylen, Auffallen, ums Präsentsein, ums Sehen und Gesehenwerden.

Immer wieder lernten wir Fotografen, Produzenten oder sonstige fürs Business wichtige Personen kennen und unser Netzwerk wurde langsam größer. Eines Tages stieß ich in meinem Postfach bei Instagram auf eine Nachricht von einem Fotografen – und zwar nicht von irgendeinem Fotografen, sondern von Harry von LHGFX Photography, die alle meine Fitnessvorbilder wie Paige Hathaway und

Michelle Lewin fotografiert hatten. Ich traute meinen Augen nicht und war außer mir vor Freude. Harry schrieb: »Wie ich sehe, wohnst du in meiner Gegend. Lass mich wissen, wenn du Zeit und Lust für ein Shooting hast, du würdest dich gut auf dem Cover der FITNESS GURLS machen!« Oh mein Gott, ein in der Fitness-szene weltbekannter Fotograf aus L.A. schrieb mich an, um für das Magazin FIT-NESS GURLS zu shooten!

Wenige Tage darauf holte sein Team mich zu Hause ab und wir fuhren zum Sty-ling für das Shooting. Ich sah das Cover des Magazins schon gedanklich vor mir. Doch dann kam die Enttäuschung: Der Chefredakteur hielt mich fürs Cover nicht geeignet. Ich sei noch nicht muskulös und definiert genug und ich hätte zu kleine Brüste.

Diese Worte schmetterten mich nieder. Ich arbeitete doch schon so hart. Ich trai-nierte zweimal täglich, nahm Anabolika, gönnte mir kein einziges Mal amerika-nisches Essen, was konnte ich denn noch besser machen? Die Worte des Chef-redakteurs ließen mich nicht los. Wochenlang. »Wenn ich es hier schaffen will, muss ich wohl mitziehen, anders geht es nicht«, dachte ich.

Ich war gerade in der Küche, hatte mir etwas Kalorienarmes zu essen zubereitet und rief meine Mama an. Ich erzählte ihr von meinem Vorhaben, mich einer Brust-OP zu unterziehen. Sie war nicht überrascht, denn ich redete nicht das erste Mal davon. »Mama, ich will es noch hier in Los Angeles machen lassen. Hier wissen sie am besten, wie es sein muss«, sagte ich zu ihr.

»Also ganz allein in L.A.? Ach Kind, bist du sicher, dass du das brauchst? Du bist doch schön so, wie du bist«, versuchte sie, mich umzustimmen. Aber sie wusste, dass sie mich nicht mehr beeinflussen konnte. Wenn ich mir etwas in den Kopf gesetzt hatte, dann zog ich es auch durch. Ich wollte alles machen, was nötig war, um gut genug für Los Angeles zu sein. Leider verstand ich damals noch nicht, dass ich eigentlich schon längst gut genug war – denn jeder Mensch ist gut, genauso wie er ist. Aber ich war nun mal geblendet von Hollywood.

Der Zufall spielte bei meinen Gedanken mit, denn nur wenige Tage darauf lernte ich Bethanie im GOLD'S GYM kennen. Ich »kannte« sie eigentlich schon lange, denn sie war zu diesem Zeitpunkt eines meiner Vorbilder auf Instagram. Sie war völlig cool und unkompliziert, also sprach ich sie, unter uns Frauen, auf ihre Silikonbrüste an.

Bethanie meinte: »Ich muss eh nächste Woche zum Kontrolltermin, komm doch einfach mit und mach ein Beratungsgespräch mit dem Arzt.« Gesagt, getan. Die Woche darauf fuhr ich mit Bethanie zu ihrem Arzt und vereinbarte nach dem Beratungsgespräch direkt einen Termin. Als wäre es ein Haarschnitt.

Schon am 17. Juni 2014 sollte es so weit sein. Die Schönheitsoperation! Eine Brustvergrößerung mit kugelrundem Silikon, Hochprofil, je 475 Gramm pro Seite, Schnitt über die Brustwarze. Ich war total aufgeregt, konnte es aber kaum erwarten. Danach würde ich endlich gut genug sein! Ganz sicher! Die 7000 Dollar, die ich von meinem hart erarbeiteten Online-Coaching- und Model-Geld dafür einsetzen musste, waren es mir wert.

Der Arzt klärte mich kurz über die Risiken der OP auf und meinte zudem, dass ich danach das Training einschränken und für einige Wochen still sitzen müsse. Mir war alles egal, denn ich war bereit, alles für meinen Hollywood-Traum zu tun. Da ich wusste, dass ich mich nach der OP zu Tode langweilen würde, beschloss ich, vor dem Eingriff noch auf eine Reise zu gehen. An einen Ort, wo ich schon immer mal hinwollte: die Bahamas!

## Zwischenstopp auf den Bahamas

Es war definitiv eine der besten Entscheidungen meines Lebens, auf die Bahamas zu reisen. Ich kehre seither immer wieder dorthin zurück, denn ich habe dort eine meiner mittlerweile besten Freundinnen überhaupt kennengelernt: Sarah Brie, von der ich sehr viel zum Thema »Durchhalten und Starksein« gelernt habe, denn Sarah hat viel erlebt. Sarah kommt ursprünglich aus Ostberlin. Sie hatte es in ihrem Leben nicht leicht und wanderte irgendwann der Liebe wegen auf die Bahamas aus, wo sie mit einem Bahamesen zusammenlebte und ein Airbnb führte.

Und genau dieses Airbnb hatte ich für meinen Bahamasaufenthalt zufälligerweise gemietet. Es war nicht irgendeine Absteige, es war die Honeymoon Suite, die ich mir damals für ganze drei Wochen gönnte. Ich wollte meinen Bahamastraum erleben. Mein Herz war schon zig Mal gebrochen worden und ich war mir nicht sicher,

*Meine Bahama-Mama Sarah und ich beim Einkaufen*

ob ich einen solchen Traumurlaub eines Tages mit einem Mann erleben durfte. Also beschloss ich, mir meinen Honeymoon einfach schon mal selbst zu erlauben, nur für den Fall, dass ich niemals an den Richtigen geraten würde.

Sarah könnte vom Alter her meine Mutter sein, aber wir verstanden uns von Anfang an so gut, da wir etwas gemeinsam hatten: Wir sind Herzmenschen, die immer viel zu gutgläubig durchs Leben gehen. Vor allem dann, wenn es um die Liebe geht.

Die Zeit auf den Bahamas war genial – bis auf einen heftigen Streit zwischen Sarah und ihrem Freund Derek, der die gesamte Traumferiensituation veränderte. Sarah und Derek hatten zu diesem Zeitpunkt eine Beziehungskrise, was ich nur zu gut kannte. Es schweißte Sarah und mich zusammen.

Eines Nachts klopfte Sarah an meine Tür. Ob ich hier bleiben wolle oder meine Koffer packen und gleich morgen früh mit ihr von hier weggehen könne, fragte sie mich. Ich sah ihr sofort an, dass sie schrecklich geweint haben musste.

Bei jedem anderen Vermieter wäre ich vermutlich einfach in meiner gebuchten Unterkunft geblieben, aber bei Sarah war das anders. Natürlich dachte ich daran, dass ich erst seit wenigen Tagen dort war und meinen Ego-Honeymoon genießen wollte, alles war doch schon bezahlt und ich hatte noch viel vor. Aber ich war bereit, mit ihr weiterzuziehen. Ich wusste einfach, dass sie eine meiner besten

*Eines der letzten Fotos vor meiner OP, noch ohne Implantate. Ich nahm damals bereits Steroide.*

Freundinnen fürs Leben werden würde, auch wenn ich sie erst wenige Tage kannte.

Der nächste Morgen brach an und Sarah, ihr Hund Frieda und ich hauten ab. Wir verzogen uns ins »A stone thrown away«, ein wunderschönes Hotel auf New Providence, in dem wir uns erst einmal einige Cocktails gönnten, während Sarah mir ihr Herz ausschüttete. Eigentlich trank ich zu diesem Zeitpunkt keinen Alkohol, ich war schließlich voll im Fitnessfilm, aber für Sarah machte ich eine Ausnahme.

Männersorgen verbinden Frauen! Sarah hat eine Tochter in meinem Alter, aber seit diesem Erlebnis weiß ich, dass diese Sorgen nicht nur in jungen Jahren auftreten. Auch doppelt so alte Frauen wie ich haben offensichtlich mit denselben Männerproblemen zu kämpfen. Hört das jemals auf?

Die Zeit mit Sarah und ihrem Hund auf den Bahamas war der Hammer. Sie verlief zwar komplett anders als geplant, aber das muss manchmal im Leben einfach so sein. Ich bin seither immer wieder dorthin zurückgekehrt und Sarah führt noch heute eine On-Off-Beziehung mit Derek. Mal sind sie glücklich, mal weniger, aber sie sind noch zusammen, denn natürlich ist sie nicht von ihm losgekommen und wird es vermutlich auch nicht so schnell … Ich kenne es …

Doch für mich ging es nun erst einmal zurück nach L.A., wo meine Brust-OP auf mich wartete.

## Jetzt wird's ernst

Alles schien vorerst in Ordnung zu sein, als ich aus dem dreiwöchigen Bahamas-urlaub zurück nach Los Angeles kam. Die Schönheits-OP stand an und Russell, der Vermieter meines Airbnb-Zimmers, hatte mir schon lange angeboten, mich zur OP zu fahren und mir anschließend in der Erholungsphase beizustehen.

Russell hätte mich eigentlich am Flughafen abholen sollen, aber er erschien nicht und ging nicht an sein Telefon. Nach gut zwei Stunden Warten am Flughafen nahm ich mir ein Uber und fuhr zu Russells Haus. Während wir langsam auf das Haus zufuh-ren, sah ich, dass Licht im Haus brannte. Russels Auto stand in der Einfahrt, er muss-te also zu Hause sein. Im Haus roch es nach Marihuana, auf mein »Halloo-ooo« bekam ich jedoch keine Antwort.

Ich ging in die Küche, wo Russell am Tisch saß. Er schaute mich mit einem Serien-killerblick an. »Wie war dein Abenteuer, Miss Fitness? Hattest du viel Spaß mit anderen Männern in deiner Honeymoon Suite?«, wollte er wissen. In seiner Hand hielt er einen Joint. Oje, die Stimmung hier war echt gruselig. »Ich hatte eine tolle Zeit und habe neue Freundschaften geschlossen, danke der Nachfrage«, antwor-tete ich unsicher.

»Oh, Freunde. Ich werde wohl niemals gut genug sein, um dein Freund zu sein, oder? Mit mir wirst du niemals abhängen, stattdessen treibst du dich mit anderen Leuten in der Weltgeschichte rum. Und ich werde schon gar nicht genug sein, um der Mann an deiner Seite zu sein. Stimmt das nicht, Anja?« Ich beschloss, die Flucht zu ergreifen. »Ich komme gleich wieder, Russell, ich bringe nur schnell mein Gepäck auf mein Zimmer.«

Was sollte das? Mein Bauchgefühl hatte sich bestätigt, der Typ hatte sie nicht mehr alle. Nicht eine einzige weitere Nacht wollte ich hier schlafen. Ich ging ins Zimmer, doch statt meinen Koffer auszupacken, wie ich es eben erst Russell vor-gegaukelt hatte, packte ich alles andere, was noch in meinem Zimmer lag, ein und rief Clive, meinen Coach, an. Ich hatte Angst bei diesem Russell-Psychopathen, doch ich hatte keine Ahnung, wo ich hingehen sollte (Marita kannte ich zu dem

Zeitpunkt noch nicht). Clive kannte ich noch am besten, schließlich sah ich ihn als meinen Coach jeden Tag.

Voller Herzklopfen und vor lauter Unwohlsein den Tränen nahe flehte ich ihn an: »Kannst du mich bitte abholen? Wie schnell kannst du hier sein? Ich muss hier unbedingt weg, ich glaube, ich bin hier in Gefahr. Zehn Minuten? Okay. Ruf mich an, wenn du vor dem Haus stehst, ich schließe mich so lange in meinem Zimmer ein.«

Tatsächlich stand Clive zehn Minuten später vor dem Haus. Ohne mich von Russell zu verabschieden, rannte ich mit meinen Koffern zu Clives Auto. Next Stop: Clives Haus. Von jetzt an auch mein Zuhause.

Clive war dann auch derjenige, der mich an meinem großen OP-Tag zur Klinik brachte. Ich war aufgeregt. Clive durfte mich nur bis zum Eingangsbereich bringen, danach musste ich allein durch. Ich dachte fest an meine Mama und betete, dass alles gut gehen würde.

Nur eineinhalb Stunden später wachte ich mit zwei prallen, neuen Brüsten aus der Vollnarkose auf. Wie ein besserer Mensch fühlte ich mich noch nicht, denn ich war völlig high von den Medikamenten. Clive holte mich ab, es war ein am-

*Nur wenige Wochen nach der Brust OP. Diese 475cc-Implantate machen mich schöner, dachte ich.*

bulanter Eingriff. Während der Fahrt nach Hause rief ich meine Mama an und erzählte ihr heulend, wie schrecklich ich sie vermisste. Sie begann ebenfalls zu weinen, als sie meine schluchzende Stimme hörte. Schon fast drei Monate war es nun her, dass ich sie nicht mehr gesehen hatte.

Clive kümmerte sich in den Tagen nach der OP wirklich gut um mich. Ich konnte nicht selbstständig duschen, meine Haare nicht waschen, keine Tasche tragen, nicht mal den Kühlschrank selbst öffnen. Clive half mir bei allem. Schließlich war mir der Brustmuskel durchgeschnitten worden, das musste erst mal verheilen. Der Schmerz nach dieser Brustvergrößerung war schlimmer, als ich erwartet hatte. Hinzu kam, dass ich von all der Chemie, die ich täglich zu mir nehmen musste, keine Energie hatte und die Antibiotika mich lahm legten. Ich hatte mich erkältet, musste ständig husten, was extreme Schmerzen im Brustbereich mit sich brachte. »Wer schön sein will, muss leiden«, sagte ich mir immer wieder. »Hoffentlich verheilt alles gut und hat sich gelohnt.«

## Eine aufregende Zeit in L.A.

Nur zwei Wochen nach der OP wollte ich vorübergehend nach Hause in die Schweiz reisen. Es lief gerade alles gut in Hollywood, aber mein dreimonatiges Visum war abgelaufen. Zudem freute ich mich unheimlich auf meine Familie und meine wahren Freunde zu Hause, denn die dubiosen Erlebnisse in L.A. (ich bin bisher nur auf einen Bruchteil eingegangen) stimmten mich innerlich unruhig. Ich vermisste ein sicheres Zuhause und ich vermisste *Europa*. Ich vermisste Stil, Kultur und mein mir vertrautes Umfeld, aber »it takes what it takes«. Ich war mir sicher, nur für wenige Wochen in die Schweiz zu gehen, meine Wohnung zu kündigen, meine Sachen zu packen, mein Visum zu verlängern und sofort zurück nach L.A. zu fliegen.

Doch kurz vor meiner Rückreise lernte ich noch in L.A. Mischa, den Schweizer Bodybuilder, kennen. Seinetwegen schmiss ich nur wenige Wochen später meine Amerika-Pläne über Bord und blieb mit ihm in der Schweiz, denn wir wollten uns zusammentun und ich sollte in seine Firma einsteigen. Zwischen uns entstand nicht nur eine geschäftliche Beziehung, wir waren für wenige Monate ebenfalls liiert.

Die kommende Zeit war nicht wirklich einfach für mich. Die Geschäfte mit Mischa verliefen anders, als ich es mir vorgestellt hatte, und auch die Beziehung zwischen uns funktionierte auf Dauer nicht. Wir trennten uns im Dezember 2014 wieder, aber mehr dazu später.

Ich begann, größtenteils aufgrund meines Medikamentenmissbrauchs, mich immer mehr von meinem eigentlichen Ich zu entfernen, es folgte die besagte Porsche-Schlagzeile und insgesamt einfach eine komische Zeit, geprägt von Negativität. Das Negative beim Namen zu nennen, war schwierig. Ich konnte damals nicht wirklich einordnen, wo das Problem genau lag.

Anstatt mich dem Ganzen zu stellen und aufzuräumen, zog ich es vor, schnellstmöglich wieder zurück nach L.A. zu reisen. In der Hoffnung, es würde mir guttun und ich würde weiterhin meine ursprünglichen Träume verfolgen können. Jedoch war mir nicht wirklich bewusst, dass ich von meinem Ursprung meilenweit entfernt war und alles längst aus dem Ruder gelaufen war.

Trotzdem versuchte ich es krampfhaft und wohnte von diesem Zeitpunkt an zwischen Dezember 2014 und März 2016 immer wieder für mehrere Monate in Los Angeles. Allein über die L.A.-Aufenthalte von 2014 bis 2016 könnte ich ein ganzes Buch schreiben, denn in dieser Zeit ist viel passiert.

Aber ich spule etwas vor. Anfang 2015 trennte ich mich von meinem Coach Clive, denn ich hatte irgendwann beschlossen, die Bodybuildingwelt hinter mir zu lassen und ohne Anabolika und Diätplan weiterzumachen (mehr dazu in Kapitel 3).

## Macht diese Welt glücklich?

Anfang 2016 war ich für acht Wochen zurück in Los Angeles. Acht Wochen voller Abenteuer, denn in dieser Zeit lernte ich unter anderem Justin Bieber kennen. Dieses Mal wollte ich mit Marita zusammenziehen, die ich mittlerweile durch den Journalisten Chris kennengelernt hatte. Wir wollten gemeinsam in ein sogenanntes Modelhaus einziehen. Davon gibt es in L.A. einige. Man kann dort als Model umsonst wohnen, essen und bekommt sogar den Flug bezahlt. Alles, was man im Gegenzug tun muss, ist dreimal die Woche mit Partypromotern zu Partys gehen und bei Clubpromotions zu helfen. All die anderen Tage und Nächte ist man komplett frei und kann seinem Modelalltag nachgehen. Ein bisschen Party umsonst in den besten Clubs von L.A. für kostenlose Kost und Logis? Wieso nicht? Es könnte Schlimmeres geben…

Jedoch war es für mich nicht ganz so leicht, denn ich hatte zu dieser Zeit, aufgrund meiner vergangenen Anabolikasucht und meiner Essstörungen, auf die ich in Kapitel 3 weiter eingehe, etwas mehr auf den Rippen als bei meinem letzten L.A.-Besuch. Das bekam ich auch sofort bei der Ankunft zu spüren.

Nach zwölfeinhalb Stunden Flug landete ich in L.A., Marita holte mich ab und wir fuhren zum neuen Modelhaus, mitten in den Beverly Hills. Wir sollten uns ein Zimmer teilen, so war es vereinbart. Als wir im Haus ankamen, war ich völlig erledigt vom Flug und wollte eigentlich nur noch schlafen gehen, schließlich war es schon elf Uhr abends. Doch der Chef des Hauses musterte uns beide und meinte: »Okay Mädels, zieht euch um, wir gehen heute ins 1OAK, den angesagtesten Club in L.A.«

Was, jetzt? Ich wusste, dass wir dreimal die Woche ausgehen mussten, aber am Tag meiner Ankunft wollte ich vom langen Flug entspannen und erst mal ins Bett. Apropos Bett, wo war das überhaupt? »Wir haben zu wenig Platz hier. Eine von euch, und ich würde sagen du, Anja, fährt morgen in ein anderes Haus in North Hollywood«, erklärte der Hausherr.

Moment mal, waaas? Marita und ich wollten doch endlich zusammenwohnen, so hatten wir es geplant. Ich wollte nirgendwo anders hin. Nicht schon wieder irgendwo wohnen, wo ich mich nicht wirklich wohl fühlte! Außerdem hatten wir zwei einen geplanten Dreh mit einer deutschen TV-Produktionsfirma für VOX. Wir mussten zusammenwohnen, allein schon, um dieses Projekt gemeinsam realisieren zu können. Doch das war dem Typen egal. Ich durfte zwar den Abend im Haus in Beverly Hills verbringen und musste als Einzige nicht zu der Party gehen, musste mir aber mit Marita für diese Nacht ein Bett teilen und wurde am nächsten Morgen in ein anderes Modelhaus verlegt. Eine Traumvilla in den Hollywood Hills! Dort bekam ich ein Zimmer zugeteilt, in dem mit mir sieben andere Mädchen schliefen.

Wir, acht Frauen aus allen möglichen Ländern der Welt, teilten uns ein Zimmer und ein Badezimmer. Das wäre für mich absolut in Ordnung gewesen, schließlich wohnten wir alle kostenlos, aber leider waren diese Girls alles andere als cool

*So sah ich 2016 aus: schräg aufgespritzte Lippen und etwas kurviger als vorher.*

drauf. Ich war mit meinen paar Kilos mehr mit Abstand die Kräftigste und das ließen sie mich auch spüren. In diesem Haus suchte man vergebens nach etwas Essbarem. Ein paar Salatblätter gammelten im Kühlschrank vor sich hin. Das Obst blieb ziemlich unberührt, denn anstatt zu essen, ernährten sich die Mädchen von Kokain.

Ich blieb vier Tage in diesem Irrenhaus, dann tat ich einmal mehr das, was ich in L.A. immer machte: abhauen. Aber wen sollte ich anrufen? Zu Clive wollte ich nicht, denn ich war seit einem guten Jahr nicht mehr seine Athletin und wollte nicht mehr mit der Bodybuildingwelt in Kontakt kommen.

Chris, der Journalist, durch den ich Marita kennengelernt hatte, wohnte leider außerhalb von L.A., viel zu weit weg vom Geschehen, und ich hatte kein Auto. Schließlich war ich nicht zum Spaß hier, ich wollte Karriere machen, was unter diesen Umständen wirklich schwierig erschien.

Es gab noch eine Person, die ich anrufen konnte: David. Derjenige, der mich damals im GOLD'S GYM entdeckt hatte. Er freute sich über meinen Anruf und meinte, ich könne sofort vorbeikommen, er bestelle mir ein Uber.

Ich überlegte nicht eine Sekunde, packte meine Koffer und haute aus dem Haus ab, ohne mich von irgendjemandem zu verabschieden. Jetzt war ich also auf dem Weg zu David. Er hatte mir schon öfter von seinem Penthouse in den Beverly Hills erzählt. Ich freute mich darauf, dass ich bestimmt bald meine Ruhe haben würde …

Tatsächlich wohnte David in einem Penthouse. Mit Dachterrasse. Jedoch lebte er nicht allein dort, sondern mit drei Freunden – also zu viert. David hatte kein richtiges Zimmer. Er wohnte sozusagen in der Abstellkammer, wo kein Bett stand, sondern nur eine einfache Luftmatratze lag.

Typisch amerikanisch. Dieses Penthouse kostete geschätzt 10000 Dollar Miete pro Monat, die sich diese vier Jungs nur leisten konnten, weil sie zusammen dort wohnten. Aber Hauptsache, nach außen konnte jeder sagen: »I live in a penthouse in the Beverly Hills.« Keiner würde von einer WG sprechen. In L.A. hört sich nun mal so ziemlich alles glamouröser an, als es eigentlich ist, wie ich in der Zwischenzeit längst herausgefunden hatte.

Wie dem auch sei, ich war froh, dort sein zu dürfen, wo ich frei war, nicht in irgendwelche doofen Clubs musste und wo ich meine Ruhe hatte, denn David war den ganzen Tag bei der Arbeit, genau wie seine Mitbewohner. Jackpot, das Penthouse gehörte erst einmal mir.

Wo ich geschlafen habe? Noch am selben Tag brachte David eine zweite Luftmatratze in die Wohnung, die dann als mein Bett fungierte. Ja, das war mein L.A. hinter den Kulissen. Soweit, so gut, ich lebte noch und war vorerst happy.

Marita wohnte weiterhin im Modelhaus. Sie war dort nicht wirklich glücklich, aber sie hatte nun mal keine andere Möglichkeit und kein Geld, um sich etwas Eigenes zu leisten. Wenn in L.A. etwas teuer ist, dann sind es Wohnungsmieten.

Marita und ich gingen gemeinsam auf die angesagten Partys und lernten jede Menge Leute kennen. Zwischen vielen Idioten, die einem das Blaue vom Himmel versprachen und mit frei erfundenem Gerede prahlten, war ab und zu auch mal jemand Normales dabei. Immerhin halbwegs Normales.

Wir lernten einen guten Freund von Michael Bay kennen und wurden über ihn am nächsten Tag zu Michael Bays legendärer Superbowl-Party, die er jedes Jahr veranstaltete, eingeladen. Dieses »Haus« – so etwas hatte ich noch nie gesehen!

Michael Bay ist einer der größten Filmregisseure überhaupt: Pearl Harbour, Transformers, Bad Boys, Coyote Ugly und viele weitere bekannte Meisterwerke sind von

Bay, bei dem wir zu Hause feierten. Es gab alles Mögliche an Essen und Getränken und viele VIPs tummelten sich auf der Party. Mit Michael Bay selbst hatte ich einen kleinen Smalltalk. Er war einer der wenigen Amerikaner, die mir begegnet sind, der die Schweiz tatsächlich kannte und nicht mit Schweden verwechselte. Er erzählte mir, dass er unser Land liebte und dass er gerade für 20 000 Dollar seinen Hund hatte operieren lassen … Ein typisches, oberflächliches »Erste-Welt-L.A.-Gespräch«.

Irgendwie wurde mir immer mehr bewusst, wie überaus oberflächlich dieses Hollywood-Leben doch eigentlich war. Worum ging es dort überhaupt? Einzig und allein darum, von Party zu Party zu ziehen, einen guten Eindruck zu machen, makellos auszusehen und irgendwelchen Smalltalk zu führen? Und dabei selbstverständlich immer zu erzählen, wie glücklich man war und wie perfekt es bei einem gerade lief, auch wenn man zum Beispiel in einer Besenkammer auf einer Luftmatratze schlief. Das schien tatsächlich L.A. zu sein …

### Am Ziel meiner Träume

Nur wenige Wochen später erlebte ich schließlich DAS Wochenende aller Wochenenden. Ich war mit Marita einmal mehr im 1OAK Club. Während wir an unseren Drinks nippten, scrollten wir durch Instagram und stießen auf einen Post von Justin Bieber. Ein Foto von ihm in einem auffälligen türkisfarbenen Pulli mit der Caption: »Night out in L.A.«

»Oh, er muss irgendwo in der Stadt unterwegs sein«, meinte Marita zu mir. Wir tanzten für uns weiter, hatten Spaß, bis ich meinen Augen nicht traute, Marita am Arm packte und sagte: »Da ist er! Justin!« Tatsächlich stand er nur wenige Meter von uns entfernt. Sein Pulli knallte und war nicht zu übersehen. »Komm, nähern wir uns ihm langsam!«

Er war im VIP-Bereich, wo Marita und ich problemlos reinkamen, da wir die Security bereits kannten. Justin begann soeben, drei Songs zu performen. Dazu setzte er sich aufs DJ-Pult, das etwas erhöht war. Ich stand unmittelbar daneben, nur wenige Zentimeter entfernt. Ich konnte sozusagen seinen Atem spüren, wenn ich es in Groupiesprache ausdrücken müsste, sodass man es sich besser vorstellen kann.

Justin schien betrunken zu sein. Plötzlich fiel er fast vom DJ-Pult, aber ich konnte ihn gerade noch stützen, sodass er nicht stürzte. Er bemerkte mich, schaute mich an und sagte zu mir: »Wie heißt du? Du bist wunderschön!« Er nahm mich an der Hand und zog mich mit seinen Freunden zum Hinterausgang zu schwarzen Vans.

Viele Fans versuchten mitzukommen, aber die Securitys wimmelten sie ab – außer Marita und mich. Wir, zumindest ich, waren auf Wunsch von Justin dabei. Justin stieg in den Van, streckte seine Hand nach mir aus und sagte locker: »Na los, steig ins Auto, Anja.«

»Okay, aber ich nehme meine Freundin Marita auch mit, denn ich bin mit ihr zusammen hier.« Diese Antwort hatte er wohl noch nie bekommen. Aber hey, ich war zwar Justin-Fan, bin es noch immer, aber ich war kein Groupie!

Er schaute mich leicht verwirrt an und meinte schließlich: »Liegt an dir, du kannst entweder bei mir mitfahren oder ihr kommt beide mit, dann müsstet ihr mit einem der anderen Wagen fahren. Sie wissen, wo sie hin müssen.«

Ich stieg nicht zu Justin ein, da es asozial gewesen wäre, meine Freundin allein zurückzulassen. Stattdessen fuhr ich loyal mit Marita in einem der anderen Autos zu Justin. Sister before Mister! Sogar bei Justin Bieber!

Marita und ich kamen bei Justin an. Die Adresse kenne ich bis heute. Wer würde das nicht… Als Erstes mussten wir unsere Handys abgeben und einen Verschwiegenheitsvertrag unterschreiben. Schließlich durfte nichts, was im Haus ge-

## Was ich daraus gelernt habe

Ich bin selbstbewusst aufgetreten, habe mich wohl in meiner Haut gefühlt und das auch ausgestrahlt. Wahrscheinlich hat Justin mich deswegen überhaupt erst richtig wahrgenommen.

Und ich habe mich getraut, meine Meinung klar zu äußern und bin nicht von meinem Plan, den Abend mit meiner Freundin zu verbringen, abgerückt. Das hätte schiefgehen können, ist es aber nicht, sodass wir beide mit zur Party konnten. Mir hat das klar gemacht, dass ich wirklich für die Dinge, die mir wichtig sind, einstehen sollte.

## Mein Tipp für dich

Tritt so selbstsicher wie möglich auf, mach dir klar, dass du einzigartig bist und genauso gut wie alle anderen Menschen. Habe keine Scheu vor anderen Menschen, das macht dich attraktiv.

Stehe zu deiner Meinung, rücke nicht von deinen Wünschen ab. Das wird dazu führen, dass du oftmals das bekommst, was du willst, wenn auch nicht immer… Aber dennoch in vielen Fällen. Und wenn du es mal nicht bekommst, kannst du stolz darauf sein, dass du dich nicht verbogen hast.

schah, jemals veröffentlicht werden. Aufgrund dessen beschränke ich mich nur auf ein paar kleine Eindrücke. Ich lernte einen sehr bekannten Musikproduzent kennen, der unter anderem für Rita Ora, Post Malone und natürlich auch Justin produzierte. Über Justins gigantisches Anwesen mit mindestens fünf Wohnzimmern, Riesengarten, eigenem See und Boot darf ich wohl keine weiteren Details preisgeben, geschweige denn über die Party mit rund 15 Anwesenden, auch wenn ich gerne von den lustigen Momenten und Unterhaltungen erzählen würde.

Morgens um vier Uhr meinte Justin zu uns: »Leute, ich habe morgen einen Auftritt. Also danke für diese tolle Party und bis zum nächsten Mal!«

Auf dem Weg nach draußen sprach mich und Marita ein dunkelhäutiger attraktiver Typ mit blond gefärbten Locken an. Er war uns nicht weiter bekannt, aber er war schon die ganze Zeit mit uns auf der Party gewesen. »Girls, was macht ihr jetzt noch?«, fragte er nett. »Na ja, wir fahren wohl heim, ist ja schon vier Uhr«, antwortete ich. »Wenn ihr Lust habt, könnt ihr noch mit mir und meinem Freund mitkommen, wir fahren zu Drakes Haus.«

Drake?! Der Drake? Der »Take Care«-, »Marvins Room«- und »The Motto«-Drake (2016 gab es noch kein »Kiki, do you love me«, sonst hätte ich diesen Song erwähnt)? Wie dem auch sei, ja, wir stiegen in den schwarzen Van und wurden nach Calabasas chauffiert. Mit dabei war auch Arty, ein Clubpromoter, mit dem Marita und ich schon länger befreundet waren.

Tatsächlich landeten wir in Drakes Haus. Nur war Drake nicht da. Aber das machte nichts. Wir feierten eine echt coole Party. Erst einmal kochten wir in Drakes Küche. Der Kühlschrank sah aus wie eine Verkaufstheke bei Whole Foods. Alles wirkte unberührt. Es fehlte an gar nichts.

Irgendwann im Verlauf des Abends fragte ich den sportlichen Typen mit den blonden Haaren, der uns eingeladen hatte, ob er denn auf Instagram sei. »Na klar, gib einfach O, B, J ein«, meinte er. »OBJ? Und das war's?«, fragte ich. »Jepp, das reicht schon.«

Ui, die Followerzahl, die mir ins Auge stach, sagte wohl aus, dass dieser Mann jemand Bekanntes war. Zu diesem Zeitpunkt hatte er sieben Millionen Follower. Der coole Unbekannte entpuppte sich als Odell Beckham, einer der bekanntesten American-Football-Spieler überhaupt. »Alles klar, ich hatte keine Ahnung, wer du bist«, gestand ich.

Er antwortete lächelnd: »Darum haben wir euch Mädels ja auch mitgenommen. Ihr seid cool und wollt einfach nur Party machen. Und genau solche Leute suchen wir, nicht die typischen L.A.-Zicken.«

Marita und ich schnappten uns irgendwann eines der vielen Gästezimmer und verbrachten die Nacht in Drakes Haus. Am nächsten Morgen ging ich in die Küche, wo Odell bereits saß. Er hatte sich einen Tätowierer ins Haus bestellt und ich schaute zu, wie er sich seinen Rücken tätowieren ließ, und unterhielt mich währenddessen mit ihm. Er erzählte mir von seinen knallharten Trainings und interessierte sich für meine Fitnessgeschichte.

Speaking about spending nights… Um es klarzustellen: Ich darf zwar keine Details von Justins Party preisgeben, aber nein, ich hatte nichts mit Justin. Er und ich feierten einfach nur einige lustige Partys miteinander. Heute haben wir keinen Kontakt mehr und ich weiß nicht, ob er mich nach meiner ganzen Verwandlung noch erkennen würde oder ob er sich noch an meinen Namen erinnern könnte. L.A. ist oberflächlich. Ich war insgesamt zweimal bei ihm zu Hause. Ein drittes Mal lud er mich in seine Lounge in einem Club in L.A. namens Villa ein. Somit sollten die Gerüchte, ich hätte etwas mit Justin gehabt, ein für alle

Mal aus der Welt geschaffen sein. Ich bin ein riesen Justin-Fan, aber ich bin kein Groupie.

Marita und ich wurden am nächsten Morgen von einem Fahrer bei Drakes Haus abgeholt und nach Hause gebracht. Noch im Van bekam ich eine SMS von Arty, dem Clubpromoter. Er fragte, was Marita und ich am nächsten Tag vorhätten, wir wären zur Pool-Party von Trey Songz eingeladen. Müde? Klar, aber das war egal! Ich höre Trey Songz seit ich ein Teenager war! Meinen ersten Liebeskummer habe ich mit Trey Songz verarbeitet. Auch wenn ich hohes Fieber gehabt hätte, mich hätte damals nichts davon abgehalten, zu dieser Poolparty zu gehen. Auch wenn ich rückblickend nicht genau weiß, inwiefern es mir etwas fürs Leben gegeben hat, auf diesen Partys herumzutanzen, ließ ich mich darauf ein, ich habe mich zwar stets benommen, aber: Kopf aus, Zeit genießen.

Auch Treys Haus befand sich in einer der schönsten Nachbarschaften von Los Angeles und genau wie bei Drake erhielt man nur mit Einladung Zugang. Gated Community. Als wir ankamen, dasselbe Spiel wie bei Justin: Handys abgeben. Immerhin mussten wir keinen Vertrag unterzeichnen.

*Manchmal sollte man nicht zu viel nachdenken und einfach machen.*

Ich war mir zuerst nicht sicher, ob ich es mir einbildete, aber Trey schien vom ersten Moment an ein Auge auf mich geworfen zu haben. Ich schmolz dahin, als er mich mit tiefem Augenkontakt begrüßte. Ich muss gestehen, Tremaine, wie er mit bürgerlichem Namen heißt, hat mir schon immer gefallen.

Pool, Sonne, gute Laune, Drinks und für alle Gäste köstliches Essen. Jeder war in Feierlaune. Trey war stets umgeben von immer mindestens vier Frauen. Ich beobachtete es etwas aus der Ferne, und jedes Mal, wenn ich ihn ansah, schaute er mich auch an …

Ich wollte die Party eigentlich, wie meine Freundin Marita es getan hatte, beizeiten wieder verlassen, da mein Rückflug in die Schweiz am nächsten Tag ging. Doch plötzlich war es drei Uhr morgens. Nun hatte auch ich es eilig, mich auf den Nachhauseweg zu machen. Ich wollte mein Handy holen und einen französischen Abgang machen.

Nur gab es da ein Problem: Mein Handy war weg! Einfach weg! Obwohl ich es bei den Securitys abgegeben hatte. Ich war stinksauer und verzweifelt zugleich, so ein unangenehmes Gefühl, wenn man sein Handy nicht wiederbekommt. Und das einen Tag vor meinem Rückflug!

Plötzlich kam Trey auf mich zu und fragte mich: »Hast du Spaß hier?« »Ja, tolle Party, aber ich muss jetzt eigentlich los, weil ich morgen früh meinen Flug erwischen muss. Ich kann aber leider mein Handy nicht finden!« Trey lächelte mich an, meine Knie wurden weich, wenn ich ihm nur in die Augen sah. Alles, was er sagte, war: »Mach dir keine Gedanken. Ich weiß, wo dein Handy ist. Lass es uns holen, es ist oben.«

Im oberen Stockwerk war nicht nur mein Handy, sondern auch Treys »Master Bedroom«. Genau da wollte er mich haben, deswegen hatte er mein Handy dahin verlegt. Frech, aber nun ja, es gibt schlimmeres, als in Trey Songz' Schlafzimmer zu sein. Er schloss die riesige Doppeltür hinter uns und machte Musik an.

Am nächsten Morgen, bevor er mir einen Fahrer bestellte, nahm er noch einmal mein Handy und speicherte seine Nummer ein. End of story …

## Meine Lehren aus L.A.

Nun habe ich einige Geschichten mit gutem Trash-Potenzial aus meinem Leben erzählt, genauso, wie ich es damals empfunden habe. Ich werde diese Momente nie vergessen, denn ich habe einige Erkenntnisse daraus gewonnen.

Ich habe mich von so vielem blenden lassen. Das passiert schneller, als einem lieb ist. Ich weiß, man bekommt schnell das Gefühl, dass weit weg von zu Hause alles besser ist als das, was man bereits kennt. Doch je mehr Zeit ich in Los Angeles verbrachte, desto mehr realisierte ich, dass ich dieses oberflächliche Püppchen einfach nicht war.

L.A. war sehr wichtig, um zu mir selbst zu finden. Hätte ich diese Zeit nicht so intensiv durchlebt, würde ich vielleicht heute noch von Hollywood träumen und dieser surrealen Blase nachrennen. Ich kann nicht alle Momente analysieren und reflektieren, aber das muss man auch nicht immer. Manchmal muss man einfach zuerst leben und kann erst später verstehen, dass es vielleicht nicht das war, was einen im Leben wirklich bereichert.

Klar hatte ich eine intensive und verrückte Zeit, die einzigartig war. Ich war auf der Suche nach Bestätigung, nach Zufriedenheit, Akzeptanz, Selbstliebe und Lebensfreude, aber ich habe all dies am falschen Ort gesucht. Zumindest lernte ich so, wo ich all das niemals finden werde.

Ich kam also auf die Spur, dass diese wertvollen Schätze irgendwo anders vergraben sind. Gar nicht mal so weit weg, wie man immer denkt. Sie lagen mir eigentlich längst zu Füßen, ich musste nur anfangen zu graben. Aber darauf bin ich erst etwas später gekommen …

⬦⬦⬦⬦⬦⬦⬦⬦

*Träume,*
*aber lass dich nicht blenden!*

⬦⬦⬦⬦⬦⬦⬦⬦

Weißt du, was ich einen der Weltstars gefragt habe? »Bist du glücklich?« Als Antwort bekam ich nur einen schrägen Blick und die Antwort: »Please stop it …« Gerne hätte ich ihm weiter auf den Zahn gefühlt, aber schlussendlich ging es mich nichts an. Ich war in diesem Moment nur ein Gast und wollte nicht von der Party geschmissen werden, also wechselte ich von tiefgründig zurück auf Partylaune.

Ich glaube, als Star fragt dich keiner in diesen Kreisen, wie es dir wirklich geht, ob du glücklich bist und ob du mit dir selbst zufrieden bist. In diesen Kreisen ist Ruhm und Erfolg wichtiger. Hauptsache, es sieht nach außen gut aus.

Fragen nach Zufriedenheit kommen vermutlich generell sehr unerwartet für diese Personen. Die meisten Menschen, von denen sie umgeben sind, wollen an ihrer Seite sein, um zu feiern und von ihnen zu profitieren. Ich kann mir gut vorstellen, dass kaum einer dieser Gäste zur Stelle wäre, wenn es diesen Stars mal nicht gut geht.

Hast du dich auch schon mal gefragt, wie dein Leben wohl wäre, wenn dir die Welt zu Füßen liegen würde? Wenn du ein Star wärst und sich alles nur um dich drehen würde? Ein dickes Bankkonto, du könntest dir alles kaufen, was du willst, reisen, wohin es dich lockt, und wärst nie wieder allein. Das klingt zunächst toll. Aber ich bin mir fast sicher, dass einige Weltstars – bestimmt nicht alle – rückblickend ein einfaches, »normales« Leben ohne Paparazzi und Bodyguards vorziehen würden.

»Nie wieder allein sein.« So unvorstellbar es sich vielleicht für einige anhören mag, aber Erfolg macht einsam! In dieser Weltstar-Position lastet ein gewaltiger Druck auf einem. Man muss immer abliefern. Man ist nicht allein, das ist richtig, im Rücken hat man ein gewaltiges Management, ein Label und Vertragspartner. Sie alle wollen aber vor allem eines: Geld machen.

Hast du schon mal darüber nachgedacht, ab wann man jemanden als reich bezeichnen kann? Bestimmt gehörst du auch zu denjenigen, die als Kind 100 Euro als eine Riesensumme Geld gesehen haben. Mit 100 Euro kann man auch das eine und andere Schöne kaufen, auf jeden Fall! Früher oder später hältst du deine eigenen, selbstverdienten 100 Euro in der Hand. Das ist ein tolles Gefühl, aber du wirst älter und das Leben wird teurer. Irgendwann sind die 100 Euro bei Weitem nichts Spektakuläres mehr, du strebst nach mehr, denn sonst verliert dein Leben an Lebensqualität. Das wird uns zumindest gesagt. »Wähle einen Job, bei dem du gut verdienst«, hat dir vielleicht auch mal jemand geraten.

*Glaube nicht alles, was du siehst. Es ist nicht alles toller als das, was du bist und hast.*

Was ich damit sagen will, ist, dass viele Menschen auch bei ihren Finanzen einen ständigen Verbesserungsdrang verspüren und in eine Endlosschleife geraten. Viele eigentlich sehr wohlhabende Menschen bezeichnen sich nicht als reich, auch wenn sie es für manche Mitmenschen längst sind.

Denkst du, es gibt einen finanziellen Punkt, an dem du sagen kannst: »Jetzt habe ich meinen Wunschkontostand definitiv erreicht«? Und denkst du, dass dieser einen Einfluss auf deine allgemeine Zufriedenheit hat?

Ja, finanzielle Freiheit ist toll. Es ist beruhigend, wenn man sich ohne Geldsorgen schlafen legen kann. Jedoch definiert sich finanzielle Freiheit nicht über eine exakte Summe, finde ich. Du musst kein Hollywoodstar mit Milliarden auf der Bank sein, um dich finanziell frei zu fühlen und ein gutes Leben zu haben, denn als Hollywoodstar kannst du vielleicht eine ganze Weile von deinem Künstlerdasein leben, und das ist toll, aber ich frage mich, wie viel »Leben« man in dieser hohen Liga schlussendlich wirklich noch hat.

◇◇◇◇◇◇◇◇◇

*Das Einfache
ist so enorm wertvoll!*

◇◇◇◇◇◇◇◇◇

Falls du Berühmtheiten anhimmelst und dir wünschst, auch so ein tolles Leben zu haben, lass mich dir sagen: Ein Superstar-Leben bringt einige Vorteile, genauso aber auch Nachteile mit sich. Was schlussendlich am meisten Zufriedenheit mit sich bringt, sind nicht die schicken Restaurantbesuche, die Markenhandtaschen und die teuren Yachten und Privatjets, es ist das eigentlich so Einfache:

- Zuhause auf der Couch in Jogginghose Pizza essen.
- Spielabende mit deinen besten Freunden, die du seit Jahren kennst.
- Ungeschminkt in nicht zusammen passenden Klamotten durch die Stadt laufen und keiner macht ein Foto von dir, das am nächsten Tag in den Schlagzeilen landet.
- Low-Budget-Citytrips mit deinen Mädels. Macht es nicht irgendwie Spaß, stundenlang nach dem preiswertesten Hotel zu suchen und sich über den tollen Deal zu freuen?
- Rabattcodes von deinem Lieblingsshop sammeln und Schnäppchen jagen.
- Mit deinem Partner im Auto pennen, weil die Kreditkarte blockiert ist und ihr kein Hotel bezahlen könnt.
- Anstatt teuer essen zu gehen einfach mit einer Gruppe von Freunden oder mit deinem Partner gemeinsam Essen einkaufen und selbst Neues in der Küche ausprobieren.

Das sind beispielhafte Dinge, die jeder hier in unserer Gesellschaft kann und die das Leben wirklich zum Leben machen, finde ich. Ein Leben ohne solche Momente ist traurig.

All das scheint auf den ersten Blick vielleicht viel zu normal. Wieso sollte »normal« spektakulär sein? Ich glaube, das ist ein generelles Problem unserer Welt. Wir leben in einem stetigen Drang nach Steigerung.

Eins ist klar: Als Superstar wirst du diese so normalen Momente nicht mehr auf diese Art erleben können und früher oder später garantiert vermissen…

> Verherrliche deine Idole nicht. Sie sind eigentlich nichts anderes als Menschen wie du und ich, die sich nach Glück, Liebe und Gesundheit sehnen. Ich bin mir sicher, nicht wenige von deinen Idolen würden ihr Leben gerne mit deinem tauschen.
>
> Mit deinem Leben – weit weg vom Glamour und Glitzer, deinem Leben, das wahnsinnig toll ist – auf seine ganz eigene Art.

## Was brauchst DU zum Glücklichsein?

Nimm dir 15 Minuten Zeit für dich und begebe dich in eine für dich angenehme Position. Schalte ab und lass von all deinen Aufgaben und Verpflichtungen los. Blende den Alltagsstress aus. Schließe die Augen – und öffne sie nach innen. Stelle dir nun die folgenden Fragen:

- Wie geht es mir?
- Was beschäftigt mich gerade?
- Wo stehe ich in meinem Leben?
- Was macht mich glücklich?
- Was hält mich vom Glücklichsein ab?
- Was bereitet mir zur Zeit Freude?

Sinn dieser Übung ist, dass du beginnst, dich um dich selbst zu sorgen. Pflege und intensiviere die Beziehung zu dir selbst, um dich besser kennenzulernen. Wenn du glücklich sein möchtest, ist es unerlässlich, dass du dir zuhörst. Du sollst spüren, was in dir vorgeht, was dich zum Lachen bringt, was dich entspannt, was dich beruhigt, was dich ärgert und was dich erfüllt. Wenn du achtsam mit dir umgehst, wirst du auf viele Fragen eine Antwort finden. Nicht auf alle, aber zerbrich dir darüber nicht den Kopf. Wenn du auf alles immer eine Antwort hättest, wäre das Leben keine Herausforderung mehr.

Lass dich von deiner Intuition leiten. Intuition ist für mich in so ziemlich allen Bereichen meines Lebens der Schlüssel zum Glück – im Alltag, in der Liebe, in der Ernährung, beim Sport und auch im Beruf.

Kein Hollywoodstar, kein Influencer, keine Beautyfirma, kein Arzt, kein Psychologe und auch keine Autorin können dir sagen, was du brauchst, um glücklich zu sein. Das weißt nur du selbst. Ich kann dir lediglich den Weg zur Erkenntnis zeigen.

# 2
# Kritik und Ansprüchen
# souverän begegnen

Grundsätzlich gibt es zwei Arten von Kritik:
die wohlwollende, aufbauende, taktvolle
und konstruktive Kritik und die schroffe, ätzende
und gehässige, alles andere als nett gemeinte Kritik.
Wenn du eine Person bist, die immer mal wieder
mit ihrem Selbstwertgefühl zu kämpfen hat,
wirst du vermutlich mit beiden Arten von Kritik
Mühe haben. Bei mir ist es etwas schwierig
in Worte zu fassen. Vielleicht bei dir auch?

# EHRLICHKEIT ALS ERSTER SCHRITT

Einerseits war ich schon immer sehr selbstbewusst, fühlte mich wohl im Mittelpunkt und glaubte schon immer an mich. Andererseits zweifelte ich manchmal aber an genau diesen drei Dingen: meinem Selbstbewusstsein, was andere von mir denken könnten und dem Glauben an mich selbst.

Es fiel mir dadurch lange schwer, mit konstruktiver Kritik umzugehen, da meine Selbstzweifel zu stark waren. Mit Hass und schroffer Kritik konnte ich erst recht nicht umgehen. Irgendwann aber habe ich gelernt, dass Kritik etwas sehr Gutes ist, denn du kannst daran wachsen. Du kannst durch Kritik sogar an Selbstvertrauen gewinnen! Weißt du wieso?

Du musst lernen, ehrlich zu sein. Ehrlichkeit ist nicht so einfach, wie es scheint. Wir lügen öfter, als wir vielleicht denken. Es beginnt schon beim: »Hey wie geht's?« »Gut. Und dir?«

Erstens: Das ist eine Anstandsunterhaltung. Wenn wir hier ehrlich wären, würde aus dieser Smalltalk-Frage ein viel längeres Gespräch entstehen, denn es geht uns nicht einfach »gut«, man müsste viel mehr hinzufügen, um wirklich

*Wenn es dir gerade nicht wirklich gut geht, darfst du das durchaus sagen.*

## Mein Tipp für dich

Wenn dich jemand kritisiert, rate ich dir Folgendes. Es mag sich vielleicht etwas spirituell anhören, aber ich stelle mir das tatsächlich immer so vor: Ich stelle mir vor, dass ich einen Schutzkreis um mich herum habe. Er sieht aus wie eine Art Heiligenschein oder eine Membran. Diese Membran wird bewacht – von mir! Nicht alles, was da rein will, dringt auch wirklich zu mir durch.

Die Aussage, den Kommentar, die Bemerkung der Person lasse ich erst mal zu meinem Schutzkreis hin, aber noch nicht hindurch, denn zuerst betrachte ich mir das Ganze. Dann überlege ich mir ehrlich, ob diese Person recht hat und ich das Entsprechende tatsächlich verbessern könnte und möchte.

Wenn ja, nehme ich die Kritik an und bedanke mich dafür, denn sie hat mich auf eine Idee gebracht, weiterzuwachsen und besser zu werden!

Wenn ich hingegen feststelle, dass es sich bei der Aussage der Person nur um missgünstiges Gerede, vielleicht sogar »Hate« handelt, dann lasse ich diese Kritik an meinem Schutzkreis abprallen und nehme sie mir keinesfalls zu Herzen. Ich lasse sie nicht durch die Membran und somit nicht an mich heran.

Wie du das unterscheiden kannst? Indem du ehrlich zu dir selbst bist und dich, deine Handlungen und deine Gedanken immer wieder analysierst.

Mut zur Ehrlichkeit! Es wird dich weiterbringen!

rüberbringen zu können, wie es uns geht. Des Weiteren bin ich mir sicher, dass es uns oft nicht gut geht, wir sind gestresst, traurig, etwas belastet uns, wir sind sauer, aber wir sagen trotzdem, dass alles gut ist.

Zweitens: Es interessiert uns in diesem Moment eigentlich nicht wirklich, wie es der anderen Person geht, wenn wir diese Frage stellen oder mit »und dir?« antworten. Eigentlich stellen wir sie nur aus Höflichkeit. Wir denken bei der Frage nicht wirklich nach.

Was ich anhand dieses einfachen Beispiels zeigen möchte: Wir sind nicht immer zu 100 Prozent ehrlich, vor allem nicht zu uns selbst! Und manchmal realisieren wir das gar nicht.

Ehrlichkeit ist eine der größten Stärken überhaupt! Und das Beste: Du kannst sie lernen! Überwache dich und versuche, immer mal wieder zu analysieren, wie ehrlich du wirklich bist. Zum Beispiel auch im Hinblick auf deine Arbeit und deine Zufriedenheit mit deiner Leistung. Ist es wirklich »gut« oder hättest du noch mehr geben können? Beurteilst du dich wirklich ehrlich? Und das nicht nur im Sinne von »Ich hätte eigentlich noch mehr geben können«, sondern auch, dass du zu dir selbst sagen kannst: »Das war jetzt wirklich gut! Besser hätte ich es nicht machen können!« Wenn du durch diese kleine Kontrolle im Alltag lernst, ehrlich zu sein, wirst du von Kritik profitieren können. Von beiden Arten, aber vor allem von der konstruktiven Kritik.

Ja, sogar gehässige, nicht wohlwollende Kritik kann dich weiterbringen, denn sie entsteht sehr häufig aus Eifersucht. Zum Beispiel: »Gott, bist du dick!«, »Verdammt, bist du hässlich!« oder »Was du tust, ist peinlich!« Da spricht purer Neid. Verstehe mich nicht falsch, nicht, weil der Kritiker direkt lügt und vielleicht auch gern so aussehen würde wie du oder den Beruf haben möchte, den du ausübst. Es geht hier um indirektes Lügen. Dein Kritiker beneidet dich darum, dass du dich wohlfühlst, dich selbstbewusst zeigst und dass du das tust, was dir Freude bereitet. Er oder sie möchte das höchstwahrscheinlich auch, traut sich aber nicht und ist neidisch, dass du es einfach kannst und tust!

*Wer ehrlich zu sich ist, kann Kritik annehmen und daran wachsen.*

Aus dieser negativen Kritik kannst du Bestätigung für dich herausfiltern. Mitleid bekommt man geschenkt, Neid und Anerkennung muss man sich verdienen. Bleibe auf deinem Weg und lasse dich nie, nie, niemals auf diese negative Kritik ein. Lass dich nicht ärgern oder verunsichern.

## Mein Tipp für dich

Am besten ist es, wenn du auf negative Aussagen gar nicht reagierst oder einfach etwas Nettes zurücksagst. Schenke immer ein Lächeln, auch wenn keines zurückkommt. Irgendwann steckt dein Lächeln vielleicht sogar an und du konntest einem eigentlich so armen und traurigen Menschen helfen.

Dich zu verteidigen, aus der Ruhe bringen oder davon runterziehen zu lassen bringt dich nicht weiter. Im Gegenteil, du verschwendest deine wertvolle Energie, währen du sie in etwas viel Wichtigeres stecken könntest: in dich selbst!

# MEINE ERFAHRUNGEN IN DER MODELSZENE

Model müsste man sein! Überallhin reisen, von allen bewundert werden, viel Glamour, nicht mehr arbeiten müssen und perfekt aussehen – so stellt man sich das Modelbusiness zumindest vor, wenn man es von außen betrachtet.

Aber gerade in dieser Welt wird man unheimlich großer Kritik ausgesetzt und die Menschen, mit denen man arbeitet, stellen Ansprüche, die man oft nicht erfüllen kann oder will. Deswegen möchte ich dir ein paar Beispiele aus meinem Modelleben erzählen, die das verdeutlichen.

»Ich bin groß, schlank und finde, ich sehe gut aus! Ich habe das Zeug dazu.« So dachte ich als selbstbewusstes Teenager-Girl, bevor ich irgendeine Ahnung von irgendwas hatte oder irgendetwas über mich irgendwo zu lesen war. Komplett daneben lag ich wohl nicht, denn mit klassischem Modeln fing meine Karriere später an. Weit daneben lag ich aber mit meiner Vorstellung, was das Modelbusiness betrifft. Reisen, Glamour und Co. – bis es so weit kommt, muss man erst mal so ziemlich überall unten durch und hinten anstehen. Modeln ist ein Knochenjob!

*Meine erste Kindermodenschau 2003*

 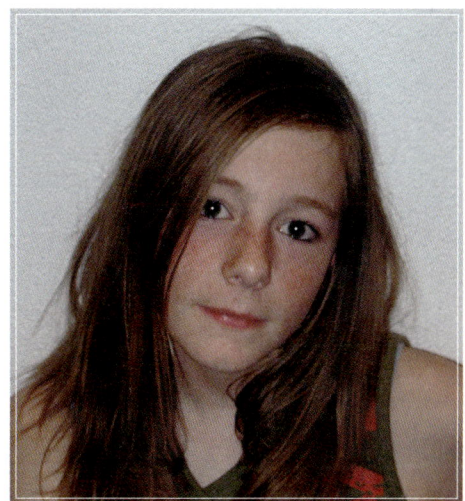

*Foto meiner ersten Bewerbung bei*
*einer Kindermodelagentur*

*Meine Freundin Sarah*

Mit zehn Jahren lief ich zum ersten Mal als Kindermodel für das Schweizer Mode-
label Voegele über den Laufsteg. Ich war zusammen mit meiner Mutter auf der
Straße angesprochen worden. Es folgten einige kleinere Fotomodeljobs, was mir
die ersten Erfahrungen in der Branche brachte.

Ich bin die geborene Entertainerin, das spürte ich schon immer. Jedoch verstand
ich schnell, dass ich nicht beim klassischen Modeln bleiben wollte, denn die Szene
ist hart, oberflächlich und mit großem Druck verbunden. Nach den ersten kleinen
Erfahrungen in der Branche reizte es mich aber weiterzumachen. Ich konnte mir
den Traum, es ganz nach oben zu schaffen, nicht mehr aus dem Kopf schlagen.

Ich weiß, dass es einigen Mädchen und jungen Frauen so geht wie mir damals.
Viele von ihnen schreiben mir auf Instagram und möchten wissen, wie man denn
am besten als Model anfängt. Diese Frage stellte ich mir damals auch und beschloss, dass nur eine professionelle Modelagentur mich weiterbringen könnte.
Also bewarb ich mich mit meiner besten Freundin Sarah zusammen bei einer
Kindermodelagentur in Zürich. Wir waren vielleicht 13 Jahre alt. In unserer Bewerbung mit selbst geknipsten, höchst unprofessionellen Fotos hieß es: »Sie können
uns nur zusammen aufnehmen. Entweder beide oder keine.«

*Ich mit 17 Jahren. Meines Erachtens nach sehr dünn …*

Unserer zwar süßen, aber schrecklich unprofessionellen Kinderbewerbung wurde nicht wirklich Beachtung geschenkt. Einige Tage später kam eine eher kühle Antwort. Sie wollten meine beste Freundin aufgrund ihrer Sommersprossen unter Vertrag nehmen, mich jedoch nicht. Ich sei nicht speziell genug, hieß es.

Die Enttäuschung saß tief, aber das war für mich kein Grund zum Aufgeben. Ein paar Jahre später versuchte ich es bei einem Casting einer anderen Agentur. Ich war 17 Jahre alt. »Groß, hübsch, aber dir fehlt das gewisse Etwas. Deinen Typ gibt es wie Sand am Meer. Zudem dürftest du etwas abnehmen«, bekam ich als Begründung, obwohl mein Körpergewicht bereits an der absoluten Untergrenze war.

Zu diesem Zeitpunkt, mit 17 Jahren, stellte ich zum ersten Mal meine Figur infrage. Ich begann zu verstehen, dass mein Aussehen allein in dieser Branche nicht überzeugte. Aber trotzdem wusste ich, dass ich mehr als Aussehen zu bieten hatte! Ich kann mir nicht genau erklären, woher ich mein Selbstvertrauen als Teenie genommen habe, aber damals gab es noch nichts, was mich diesbezüglich aus der Bahn hätte werfen können. Das geschah erst ein paar Jahre später…

Ich hatte schon früh die Vorstellung, mit mehr als einfach nur meinem Aussehen erfolgreich zu werden. Ich wusste, dass ich etwas bewegen konnte, aber niemand teilte meine Vision mit mir. Ich beschloss also, es einfach allein anzupacken, ohne Modelagentur. Ich wollte keine Agentur, die mir sagte, wie ich auszusehen hatte. Ich wusste: Ich würde auch allein finden, wonach ich suchte. Wenn ich hart arbei-

## Mein Tipp für dich

Lass dir deine Träume von niemandem zerstören. Du kannst sie erfüllen, wenn du fest daran glaubst – und wenn du an ihnen arbeitest. Uns wird im Leben selten etwas geschenkt, aber wir können so viele Dinge erreichen, wenn wir nur an uns glauben.

Wenn andere dir sagen, du seist nicht schön, gut, schlau oder sonst was genug, hinterfrage das. Vielleicht bist du für manche Sachen wirklich nicht geschaffen. Wenn du das erkennst, hilft dir diese Einsicht herauszufinden, worin du gut bist.

Aber lass dir nicht pauschal einreden, du seist für etwas zu schlecht. Das ist völliger Blödsinn! In dir steckt viel mehr, als du vielleicht ahnst!

tete und meinen Traum nicht aus den Augen verlor, würde es gut werden. Das war definitiv die richtige Entscheidung.

Nur kurz nach der zweiten Absage war ich mit Freunden feiern. Ich war 17 Jahre jung und tanzte für mein Leben gerne. Trotz der Abweisungen der Modelagenturen hatte ich kein Problem damit, mich zu zeigen. Ich glaubte trotz des harten Urteils nach wie vor an mich, also ließ ich es auch an jenem Abend voller Selbstbewusstsein krachen, ohne zu merken, dass ich dabei von einem Fotografen beobachtet wurde: Patrick Odermatt, ein Hobbyfotograf aus meiner Stadt.

*Der Weg mag zwar ungewiss sein, aber das Ziel ist bekannt! Manchmal genügt es, wenn du allein 200 Prozent von deiner Vision überzeugt bist. Alles andere ergibt sich durch harte Arbeit und niemals Aufgeben.*

Er wollte mich nicht im Club ansprechen, weil das falsch verstanden werden könnte, also machte er meinen Namen ausfindig und schrieb mich am nächsten Tag via Facebook an. Wir shooteten tolle Bilder zusammen, aus denen ich mein erstes, richtiges Portfolio zusammenstellen konnte.

## Eine etwas andere Misswahl

Mit den Fotos, die Patrick aufgenommen hatte, bewarb ich mich bei einer Miss-wahl und schaffte es prompt unter die zwölf Kandidatinnen. Ich war wahnsinnig stolz auf mich! Bestimmt hatten sich Tausende Mädchen beworben, aber ich war unter den ausgewählten Zwölf!

Nun, wie gesagt, die Modelszene allgemein ist definitiv nur halb so glamourös, wie sie nach außen scheint. Aber der Modelszene in der Schweiz fehlt nochmals eine ganze Ladung an allem Möglichen, denn – welche Modelszene? Das, was es dort in diese Richtung gibt, ist definitiv sehr, sehr klein. Später erfuhr ich, dass die Organisatoren dieser Misswahl tatsächlich Schwierigkeiten gehabt hatten, über-haupt zwölf Anmeldungen zu bekommen. Ich konnte also nicht wirklich stolz auf mich sein, denn es schien, als hätten sie in diesem Jahr praktisch jede genom-men, die sich angemeldet hatte.

*Eine Aufnahme aus meinem ersten Shooting mit Patrick Odermatt*

Die ganze Show verlief alles andere als professionell. Ich war enttäuscht von der Modelwelt. Ich hatte so viel erwartet und gedacht, ich würde eine Art Model-camp erleben und von echten Profis zu einem besseren Model gecoacht werden. Stattdessen sollten wir, die zwölf Kandidatinnen, im Bikini in einem Nachtclub in Luzern auf Podesten tanzen. Nicht in irgendeinem Nachtclub, sondern in dem wohl niveaulosesten Club der Stadt. Es gab Duschen mit Glaskabinen auf den Dancefloors. Wer im Club vor allen duschte, durfte den ganzen Abend umsonst trinken – dafür war der Club bekannt.

In diesem Club sollten wir nun alle in Bikinis tanzen. Ich bin nicht prüde, ich habe kein Problem, für ein renommiertes Hochglanzmagazin im Bikini zu posieren, aber auf keinen Fall wollte ich in diesem peinlichen und niveaulosen Club auftreten!

Nach außen schien es eine Ehre, bei dieser Wahl dabei zu sein. Doch als ich sah, wie es hinter den Kulissen zu- und herging, machte diese Misswahl keinen wirklich professionellen Eindruck mehr auf mich. Schweren Herzens beschloss ich kurz vor dem Finale, aus der Show auszusteigen. Ich hatte keine Lust mehr.

Lange ließ mich der Gedanke nicht los, ob ich mir damit eine Chance auf einen Eintritt in die Modelwelt verbaut hatte. Aber ich hatte auf mein Bauchgefühl ge-hört, und meine Entscheidung entpuppte sich rasch als richtig!

## Mein Tipp für dich

Höre auch du auf dein Bauchgefühl. Oft sagt eine innere Stimme in dir, wenn etwas nicht in Ordnung ist. Du kannst es vielleicht nicht greifen, aber du spürst, dass etwas nicht stimmt. Dann höre auf deinen Bauch. Denn der hat meistens recht.

Es ist immer gut, in sich hineinzuhorchen, um herauszufinden, was du dir selbst rätst. Dann wirst du dich fast immer für das Richtige entscheiden und das tun, was dir guttut – egal, ob andere das gutheißen oder nicht.

## Endlich in den Zeitungen

Der Ausstieg war mein »bester Move ever«, denn er brachte mich zu meiner ersten, großen Schlagzeile in der größten Tageszeitung der Schweiz, den *20 Minuten*. »Luzerner Model schmeißt Misswahl hin«, hieß es dort. Dadurch wurde das Magazin *MAXIM Schweiz* auf mich aufmerksam und wollte mich shooten.

Wie toll, ich im *MAXIM*-Magazin – ein Traum wurde wahr! Ich konnte das Shooting kaum erwarten. Am Set lief erst alles super. Stilvolle Dessous und verdeckter Teilakt, das war der angesagte Aufnahmebereich, mit dem ich völlig einverstanden war. Schließlich würde man »nichts« sehen und *MAXIM* hatte Rang und Namen. Das würde professionell sein!

Doch dann bat mich der Fotograf während des Shoots plötzlich um eine kurze Unterbrechung, um mir ein paar weitere Bildvorschläge zu zeigen. Gemeinsam standen wir vor seinem Computer. »Komm, setz dich ruhig auf meinen Schoß«, meinte er. »Nein danke, ich stehe lieber!«, antwortete die damals 18-jährige Anja leicht verunsichert.

Er zeigte mir einige seiner Aufnahmen und wollte im selben Stil Fotos mit mir umsetzen. Auf den Bildern waren Frauen zu sehen, die komplett unten ohne breitbeinig vor seiner Kamera posierten. »*MAXIM* ist aber kein Nacktmagazin«, kommentierte ich selbstbewusst. »Ja, aber die Redaktion muss sehen, dass du dich wohl in deinem Körper fühlst und dich traust.« Er warf mir einen anzüglichen Blick zu.

*Eines der Fotos in der Schweizer Ausgabe der MAXIM (2012)*

## Mein Tipp für dich

Falls du irgendwo in deinem Leben mal in eine ähnliche Situation kommen solltest, bitte zögere nicht! Packe deine Sachen und gehe! Du brauchst nichts mit dir machen zu lassen, was du nicht willst, um erfolgreich zu werden!

Ich war verunsichert. Innerlich klingelten meine Alarmglocken: Sachen packen und nach Hause gehen. Aber ich wollte mir die Chance, ins *MAXIM*-Magazin zu kommen, nicht entgehen lassen, also blieb ich am Set, an dem mittlerweile nur noch wir beide waren. Alle Assistenten und Stylisten waren bereits gegangen. Ich hatte nicht wirklich Angst vor ihm, denn er war eher ein schmächtiger, kleiner Typ. Ich hätte mich im Notfall wehren können. Aber ich fand ihn widerlich.

Trotzdem blieb ich stark und cool. Ich pokerte und willigte ein, ein paar weitere Fotos zu machen, jedoch komplett verdeckt, wie mit dem Magazin vereinbart. Ich würde keinen Intimbereich zeigen und dabei blieb ich. Ich verweigerte mich seinen Anweisungen, blieb jedoch ruhig und machte keine Szene. Pokerface.

Ich vermute, der Fotograf hätte die Schmuddelbilder für sich selbst und seine Fantasien behalten, so wie er es wohl auch mit denen tat, die er von den anderen Frauen gemacht hatte. Ich denke, dass das Magazin nichts davon wusste, und sagte auch nichts, denn ich wollte keine Unruhe stiften, vielleicht hätte man mir eh nicht geglaubt. Zum Glück konnte ich mich durchsetzen und mir passierte nichts. Ich wollte einfach endlich in diesem Magazin erscheinen, was mir auch gelang Doch ich kann von Glück reden, dass am Set nichts weiter vorgefallen ist.

*Nicht alles, was glänzt, ist Gold!*

Ich habe noch oft darüber nachgedacht, die Schweinerei in der Presse auffliegen zu lassen, habe es aber nicht getan. Ich sah diesen Fotografen nie wieder und hielt wenige Wochen später meine *MAXIM*-Ausgabe in den Händen. Viele bewunderten mich für diesen großen Job. Wenn sie nur gewusst hätten, wie professionell er wirklich gewesen war beziehungsweise nicht gewesen war …

## Mein Tipp für dich

In der Modelszene gibt es leider mehr schwarze Schafe als weiße. Sogar bei professionellen Aufträgen, wie dieser Misswahl oder diesem Magazinshoot, kann es passieren, dass man zu gewissen Dingen gedrängt wird. Viel zu oft lassen junge Mädchen alles mit sich machen, in der Hoffnung erfolgreich zu werden.

Heutzutage würde ich keine Sekunde mehr ans Pokern denken und das Set sofort verlassen, wenn so etwas Unangenehmes vorfallen würde. In meinem Fall war es vielleicht nicht ganz so gefährlich, einfach nur unangenehm. Aber man kann nie wissen, wozu solche Typen fähig sind. Aufpassen!

Gehe nie allein zu Shootings. Nimm jemanden mit, der dich begleitet. Einen Elternteil, eine Freundin, oder stelle zumindest sicher, dass noch Assistenten oder Stylisten mit am Set sind. Es gibt leider zu viele Fotografen und Agenten, die ihre Position und junge, angehende Models ausnutzen.

Ich weiß, wie es ist, wenn man noch nicht wirklich etwas erreicht hat und auf den großen Durchbruch hofft. Für eine Sekunde habe auch ich in dieser Situation überlegt, ob »das« wohl einfach normal ist und dazugehört, wenn man erfolgreich werden will. NEIN! Gehört es definitiv nicht!

Rückblickend denke ich, dass es besser gewesen wäre, das Set umgehend zu verlassen und den Chefredakteur des Magazins anzurufen. Wenn er mich als Model wirklich geschätzt hätte, hätte er mir geglaubt, sich entschuldigt und mich zu einem neuen Shoot mit einem anderen Fotografen eingeladen.

> Lass dir nicht alles gefallen!
> Traue dich, Nein zu sagen und klare Grenzen zu setzen!
> Sage Stopp, wenn dir etwas zu weit geht oder du dich unwohl fühlst.
> Verlange Respekt!

## Mit dem richtigen Fotografen geht viel mehr

Dank der *MAXIM*-Strecke und meinen mittlerweile tollen Portfolioaufnahmen wurde einer der bekanntesten Schweizer Fotografen auf mich aufmerksam: Pascal Heimlicher.

Bis zu jenem Zeitpunkt hatte mir der professionelle Fotograf mit den Connections zu großen Jobs gefehlt, ihm hingegen das Model mit dem gewissen Etwas, mit dem er »die« Editorials produzieren konnte. Er war es, der mein gewisses Etwas endlich sah, nicht wie all die Modelagenturen zuvor! Ich wurde zu seiner Muse.

Pascal und ich verstanden uns auf Anhieb. Wir beide teilten dieselbe Vision und waren leicht größenwahnsinnig. Wir starteten gleich von 0 auf 100. Unser erstes Fotoshooting fand auf Mallorca am Strand statt für die deutsche *FHM*. Die Fotos,

die Pascal von mir machte, können keine Worte beschreiben. Für mich ist es Kunst. Bis heute sage ich mit fester Überzeugung, dass Pascal der beste Fotograf ist, mit dem ich jemals zusammengearbeitet habe. Keiner kann das, was dieser Künstler kann! Die Chemie zwischen uns war genial – und das zeigen auch die Aufnahmen.

Das Shoot für die deutsche *FHM* verlief grandios. Jedoch war es eine absolute Low-Budget-Produktion auf Mallorca. Pascal und ich waren nur zu zweit. Ein Set mit zehn Leuten vor Ort, wie man es aus *Germany's next Topmodel* kennt? Fehlanzeige! Davon war ich noch weit ent-

*Ein Bild aus den ersten Foto-shootings mit Pascal Heimlicher*

*Es war immer ein spezielles Gefühl, ein Foto von mir zu entdecken.*

fernt. Aber ich war bereits in der Ausgabe im Oktober 2012 auf ganzen sechs Seiten mit meinen Fotos, geschossen von Pascal Heimlicher, zu sehen.

Das Teamwork mit Pascal brachte mich weiter, als es wohl jede Modelagentur hätte tun können. Alles, was es brauchte, waren zwei talentierte Arbeitstiere und die eine und andere Connection. Im Team hatten wir das. Wir arbeiteten hart und shooteten oft bis spät in die Nacht. Wir reisten um den halben Globus, um Fotos zu produzieren, die wir später an Magazine verkauften.

So begann alles, mit viel Arbeit. Erst alles für die Bekanntheit tun, erst mal einfach nur geben, geben, geben, bevor sich irgendetwas finanziell auszahlte. Nebenbei arbeitete ich als Friseurin, doch durch meine langsam aufkommende Bekanntheit ergaben sich immer mehr kleinere bezahlte Jobs.

Modeln hört sich einfacher an, als es effektiv ist. Man könnte sagen, dass vielleicht aus jedem zehnten Fotoshoot von Pascal und mir Fotos gekauft und gedruckt wurden. Die anderen fanden keine Verwertung und noch immer liegen irgendwo auf Pascals Festplatte sensationelle Fotos von mir, die den Ansprüchen der Szene nicht genügten.

Pascal und ich waren unser gegenseitiges Ticket zum Durchbruch und unser Bekanntheitsgrad stieg langsam. Neben unseren Aufnahmen für diverse Hochglanzmagazine und Jobs blödelten wir beide in Radio-Interviews und TV-Shows, bekamen gemeinsam von der Presse immer wieder einen Push und wurden sogar gemeinsam von einem Magazin nach San Francisco zum Fotoshoot eingeladen.

## Was ich daraus gelernt habe

Mit einem festen Glauben an mich selbst, sehr viel Arbeit und dem richtigen Partner an meiner Seite habe ich das geschafft, was ich wollte. Diese Kombination war für mich Gold wert und hat mir Folgendes gezeigt:

- Wer an sich glaubt, seine Ziele verfolgt und nicht aufgibt, kann unendlich viel erreichen.

- Nur, wenn man an der Erfüllung seines Traums arbeitet und bereit ist, viel Energie zu investieren, kann man es schaffen.

- Unterstützung und Hilfe von anderen Menschen und auch die vertrauensvolle Zusammenarbeit mit anderen kann sehr wertvoll sein – wenn man sich die richtigen Leute aussucht, mit denen man auf einer Wellenlänge ist, die das Gleiche wollen, wie man selbst, die einen nicht verbiegen und schon gar nicht ausnutzen wollen. Bei der Wahl solcher Menschen sollte man auf seinen Bauch hören. Wenn es passt, passt es, aber wenn eine innere Stimme sagt: »Lass es lieber«, sollte man darauf hören. Denn nur die richtigen Menschen tun einem gut und bringen einen weiter.

# 3

# Der gesunde Umgang mit Körperidealen und die richtige Selbstwahrnehmung

Ich bin zu dick oder zu dünn, meine Brust ist zu klein, meine Ohren stehen ab und meine Haare gefallen mir auch nicht. Kennst du, oder? Fast jeder hat etwas an seinem Körper auszusetzen, das ihm nicht gefällt. Auch für mich war es ein langer und harter Weg, bis ich am Ende sagen konnte: Ich liebe mich so, wie ich bin, ohne jegliche künstlichen Veränderungen und ohne dass ich mich ständig für meinen Körper quälen muss. An meiner Geschichte und meinen Einsichten zur Selbstwahrnehmung meines Körpers möchte ich dich nun teilhaben lassen.

# DIE SUCHT NACH PERFEKTION

Leider haben sehr, sehr viele Menschen ein ganz schlechtes Bild von sich selbst und mögen sich überhaupt nicht. Schlimmer noch: Sie quälen sich, sie machen sich krank, entwickeln Essstörungen und legen sich unters Messer und haben trotzdem immer noch ein geringes Selbstwertgefühl – was mir nicht anders ging.

Warum das so ist? Weil uns von klein auf beigebracht wird, wie das Idealbild des Menschen aussieht: schlank, durchtrainiert – bei Frauen trotz der Schlankheit bitte mit großem Busen –, gesundes Haar, weiße Zähne, wunderschön und immer perfekt gestylt … Die Medien zeigen uns, was »in« ist und wie wir zu sein haben.

Aber das ist völliger Quatsch! Warum hat uns die Natur denn alle unterschiedlich geschaffen? Weil genau diese Vielfalt schön ist. Wir müssen nicht alle dem »Ideal« entsprechen und aussehen wie Barbiepuppen mit aufgespritzten Lippen und Silikonbusen. Wir dürfen genau so sein, wie wir uns wohlfühlen und wie wir uns selbst gefallen. Ja, genau, wie wir UNS gefallen, nicht wie wir anderen gefallen.

Da hat man gerade Diät gehalten, um rank und schlank zu sein, und kaum hat man das erreicht, müsste man schon fast über einen Brazilian Butt Lift und Brustimplantate nachdenken, da jetzt Kurven als attraktiv empfunden werden. Eine Weile später aber ist nichts angesagter als eine athletische Statur mit Sixpack.

Schönheitsideale ändern sich fast so häufig wie Modetrends. Als Teenager haben wir über die Fotoalben unserer Eltern aus ihrer Jugendzeit gelacht. Diese Outfits, diese Frisuren, diese Brillen – zum Schreien! Und ein weißes Tanktop ohne BH? Iiiih, Mama, wie konntest du nur?! Aber heute, ein paar Jahre später, ziehen wir uns fast wieder genauso an, denn all diese Modetrends und Schönheitsideale wiederholen sich, kommen und gehen.

Im Trend zu liegen ist ganz schön anstrengend, denn sobald etwas Neues angesagt ist, müsste man schließlich eine der Ersten sein, die darauf aufspringen. Wozu eigentlich der Stress? Nur, um als »schön« und »attraktiv« angesehen zu werden?

Mode hat mir schon immer Spaß gemacht, ich habe schon immer gerne Sachen ausprobiert und experimentiert. Jedoch würde ich mich als alles andere als eine Modeikone bezeichnen. Dafür verstehe ich dann doch definitiv zu wenig davon – und so extrem interessiert es mich dann auch wieder nicht … Manche Klamotten-trends gefallen mir, manche lasse ich lieber komplett aus. Aber so wie andere jedem Modetrend hinterherjagen, bin ich jahrelang den Körperidealen meiner Zeit hinterhergerannt.

## Falsche Vorbilder und falsche Schönheitsideale

Schon als Kind habe ich aus den Teenie-Zeitschriften Bilder und Poster ausge-schnitten und sie in meinem Zimmer angebracht. Ich erinnere mich an das Poster von Britney zu »Oops! … I did it again«. Mit langem, blondem Haar und einem braunen Ledertop steht sie bauchfrei unter einer »Glitzer-Gardine«. Ihr Bauch ist makellos flach, trotzdem aber hat sie ihre Rundungen an den richtigen Stellen.

Wer wie ich in den Neunzigern groß wurde, weiß, wovon ich rede, und hatte vielleicht diesel-ben Poster zu Hause.

Ich habe manche Stars regel-recht angehimmelt. Kein Witz, schon damals dachte ich mir: »Eines Tages muss ich mir wohl auch die Brüste operieren las-sen, falls sie nicht weiterwach-sen …« Das habe ich tatsächlich schon im frühen Teenie Alter geglaubt. Bereits damals hat das Vergleichen mit sogenann-ten Vorbildern bei mir begon-nen.

*Haare färben als Kind – ich habe meine Idole nachgeahmt.*

*Als Kind mit geglättetem Haar*

Oft höre ich, Instagram sei schuld an den Schönheitsidealen, die uns alle verunsichern. Ich finde, das stimmt so nicht ganz, denn schon vor Instagram gab es Schönheitsideale. Klar ist heutzutage vor allem bei jungen Menschen wohl kaum ein Medium so präsent in unseren Köpfen wie Instagram, aber die Plattform trägt nicht allein Schuld daran, dass sich so viele Frauen (und auch Männer) unsicher fühlen, was ihr Aussehen, ihren Körper oder gar ihr ganzes Leben anbelangt.

Als ich mit ungefähr 13 in die Pubertät kam, begann mein Haar, sich zum Terminalhaar zu entwickeln. Es veränderte sich, es wurde kraus. Naturlocken? Das war anders, als es bei Christina Aguilera aussah! Christina Aguilera war makellos schön – auf den Fotos, die uns gezeigt wurden. Mein Haar war anders, also war es auch nicht so schön wie ihr platinblond gefärbtes, geglättetes Haar – sondern das Gegenteil. »Es ist nicht ideal«, so war mein Gedankengang.

Zum Geburtstag wünschte ich mir ein Glätteisen und föhnte und stylte von diesem Tag an meine Haare fast jeden Tag glatt. Auf Klassenfahrten wollte ich mir beim Baden meine Haare nie nass machen, da sie sich ansonsten gekraust hätten. Dafür schämte ich mich. Glattes Haar sah viel gepflegter aus – das war meine Ansicht, die ich mir durch Schönheitsideale gebildet hatte.

Menschen, die von Natur aus glatte Haare haben und gerne Locken hätten, können wahrscheinlich nicht nachvollziehen, wieso ich mein Leben lang glattes Haar wollte. Die Naturlockenträgerinnen können mich vielleicht verstehen. Man muss seine Locken akzeptieren und damit umgehen lernen. Das konnte ich nicht auf Anhieb.

Im Alter von 16 bis 24 trug ich fast durchgehend Extensions. Wieso? Weil ich es irgendwo gesehen hatte. Volles, langes Haar war weiblich und perfekt. »Nur damit

*Als Teenager mit Haarverlängerung*          *Ich probierte die verschiedensten Frisuren.*

bin ich attraktiv«, dachte ich lange. Vom ersten Tag mit Haarextensions hatte ich mich in diese Haarpracht verliebt und wurde süchtig danach. Ohne meine Haarextensions fühlte ich mich nackt!

Scroll mal durch Instagram – so viele Frauen zeigen sich mit prachtvollen, perfekt gestylten Haarextensions, weil sie es bei einer anderen gesehen haben, die es wieder bei anderen bewundert hat und nun selbst den Trend weiterverbreitet, sodass noch mehr mitmachen und die Kette immer weitergeht. Auch ich war eine von ihnen.

Jahre später erst, als ich fast 25 war, konnte ich mich langsam dazu entscheiden, mein natürliches Haar gesund werden zu lassen. Wie ich das nach meiner jahrelangen Extensions-Sucht geschafft habe?

Nun, es war nicht so einfach. Als ich meine Extensions zum ersten Mal komplett entfernt habe, hielt ich es nur knapp acht Wochen ohne die Zusatzhaarbüschel aus, bis ich mir erneut welche einsetzen ließ. Später konnte ich mich dann da-

*Erst seit meinem 25. Lebensjahr kann ich zu meinen Naturlocken stehen.*

mit abfinden, immer weniger Echthaarsträhnen einsetzen zu lassen, bis ich mich am Schluss mit einer Verdichtung anfreundete und somit Schritt für Schritt davon wegkam. Bis zu meinem sage und schreibe 25. Lebensjahr konnte ich nicht zu meiner natürlichen Haarlänge, -dichte und -lockung stehen. Ich war immer der Meinung, dass ich damit nicht attraktiv genug wirkte und Naturlocken ungepflegt aussähen.

Lange Haare sind ein Symbol von Weiblichkeit, heißt es. »Die Haare einer Frau müssen lang sein.« Das höre ich heute noch – vor allem viele Männer – sagen. Weißt du was? Meiner Meinung nach müssen die Haare einer Frau – muss eine Frau allgemein – gar nichts!

> Wahre Schönheit und Attraktivität lässt sich nicht über deinen Klamottenstil, deine Haare oder deine Figur definieren, auch wenn das manchmal schwer einzusehen ist.
>
> Wahre Schönheit kommt von innen – es hört sich vielleicht kitschig und viel zu einfach an, aber es ist wahr und außerdem eigentlich gar nicht mal so einfach! Vielen fällt es unglaublich schwer, sich selbst schön zu finden.

Natürlich gehöre auch ich zu der Sorte Frau, die Mühe mit Selbstakzeptanz hatte, auch wenn ich mir das selbst früher nie wirklich eingestanden habe. Aber rückblickend ist mir vollkommen klar, wieso ich Haarextensions wollte, schon früh an Brustimplantate dachte und später auch welche habe einsetzen lassen, und vor allem, wieso ich mich durch eine Diät nach der anderen kämpfte.

Wieso? Weil ich mich verändern wollte! Ich empfand mich nicht als ausreichend, so wie ich war. Ich realisierte damals noch nicht, dass ich mit dem Anpassen an diese Schönheitsideale einen gigantischen Rattenschwanz unterstützte, weiterführte und somit andere ebenfalls dazu motivierte, sich selbst zwanghaft zu verändern.

## Mein Tipp für dich

Es ist keine Kunst, mit dem Foto eines Schönheitsideals zum Schönheitschirurgen zu rennen und dir dieselbe Nase machen zu lassen. Jeder kann zum Friseur gehen und sich für etwas Geld dieselbe Frisur wie irgendwelche Hollywoodstars stylen lassen. Das kann jeder.

Was aber niemand außer dir selbst kann, ist DU sein! DU – mit allen Ecken und Kanten, jeder Locke, Kurve, oder eben Nicht-Locke und Nicht-Kurve!

Viele meiner Followerinnen auf Instagram fragen immer wieder nach meinem exakten Haarfärbemittel oder der Marke meiner Mascara. Anfangs gab ich ihnen die Tipps. Auch später machte ich natürlich kein Geheimnis aus solchen Dingen, aber zusätzlich begann ich, ihnen zu schreiben, dass zu ihrem einzigartigen Typ bestimmt etwas anderes auch gut aussehen würde, dass sie sich selbst treu bleiben sollen, bei anderen vielleicht nach Inspiration suchen dürfen, aber niemals jemand anderer sein sollten als sie selbst.

Denn du bist du und genau so bist du einzigartig, wunderbar, schön und gut!

## Der Kampf mit mir und meiner Figur

Eigentlich war ich ein sorgloses Kind, was meine Figur betraf, denn von meiner Genetik her war ich schon immer groß und schlank. Ich erinnere mich, wie ich im Teeniealter oft nach der Schule nach Hause kam und vor dem Fernseher eine Tüte Chips und eine Tafel Schokolade mampfte, die ich mit einer Flasche Eistee runterspülte. Wenige Stunden später aß ich dann mit meiner Familie zu Abend.

Ich habe nie ein Gramm zugenommen – im Gegenteil –, denn ich war schon als Teenager sportlich aktiv, begann im Alter von acht Jahren zu tanzen und war immer draußen an der frischen Luft. Ich habe nicht einen einzigen Gedanken daran verschwendet, dass irgendein Nahrungsmittel mich dick machen könnte. Solche Gedanken kannte ich als Teenager nicht.

Als ich dann mit 15 Jahren die Pille verschrieben bekam, nahm ich das erste Mal in meinem Leben zu. Gestört hat es mich aber nicht, denn da ich immer sehr dünn gewesen war, sah ich nun fast gesünder aus. Die neu gewonnen Kurven gefielen mir. Endlich hatte ich ein paar Rundungen! So muss eine Frau aussehen, dachte ich.

Im Alter von 18 Jahren nahm ich während meines Sprachaufenthaltes in Kalifornien sehr viel zu – ganze neun Kilogramm innerhalb von vier Monaten. Damals wurde ich zudem sehr sportfaul. Ich hängte das Tanzen an den Nagel und bevorzugte den Party-Lifestyle mit viel Alkohol und Pizza.

Davor hatte ich bereits Teilzeit als Model gearbeitet. Als ich nach Hause in die Schweiz zurückkehrte, bekam ich von vielen Fotografen zu hören, dass ich zu dick sei. »Wenn du weiterhin modeln willst, musst du abnehmen!«

Eines wusste ich: Ich wollte auf jeden Fall weitermodeln! Aber wie funktionierte denn abnehmen? Das wusste ich nicht, schließlich hatte ich mich bisher nicht damit befassen müssen. Aber ich war bereit, es herauszufinden und anzupacken.

### Der Anfang meiner Essstörungen

Als Erstes versuchte ich, nach 16 Uhr nichts mehr zu essen. Gar nichts mehr. Man bedenke, dass ich damals jeden Tag bis mindestens 18:30 Uhr als Friseurin arbeitete und eigentlich immer einen Bärenhunger hatte. Ich hielt diese Diät knapp vier Tage durch, dann beschloss ich, nach 16 Uhr nur noch Früchte und Gemüse zu essen. Irgendwann fing ich dann an, bis kurz vor 16 Uhr alles in mich reinzustopfen, was mir in die Finger kam. Alles. Das war der Anfang meiner Essstörungen.

Natürlich änderte sich an meinem Gewicht nichts. Jedoch aber an meiner Psyche. Alles drehte sich nur noch ums Essen und ich konnte nicht verstehen, wieso ich, obwohl ich abends fast nichts mehr aß außer ein paar Früchten und Gemüsesticks, nicht abnahm.

»Die Lösung ist wohl, noch weniger zu essen«, dachte ich. Zum Frühstück aß ich einen Apfel, in der Mittagspause einen Salat und abends wie gewohnt Obst und Gemüse. Ich kann mich nicht recht erinnern, ob ich tatsächlich an Gewicht verlor, aber ich weiß noch sehr genau, dass ich es nie lange aushielt, bevor ich wieder explodierte und einen Fressanfall hatte. Nach jedem Fressanfall bestrafte ich mich härter und machte mir immer striktere Vorschriften.

Gott sei Dank realisierte ich bald darauf, dass es so nicht funktionieren konnte. Durch eine gute Freundin entdeckte ich schließlich Sport. Endlich! Es wurde höchste Zeit, wieder Freude an gesunder Bewegung zu finden. »Anja, ich habe von einem neuen Training gehört. Krafttraining, eine Art CrossFit. Kommst du mit zum Probetraining?«

Krafttraining? Dass ich nicht lache! »Das ist doch ein totaler Männersport«, spottete ich. Trotzdem ließ ich mich überreden mitzugehen. Ich konnte damals noch nicht ahnen, dass dies der Anfang meiner Fitnesskarriere sein würde.

## Auf dem Weg zum Fitnessmodel

Ich erinnere mich, als wäre es gestern gewesen: Ich betrat diesen riesigen Raum voller Freigewichten und wäre am liebsten wieder rückwärts rausgerannt. Der heiße Coach jedoch sprang mir gleich ins Auge (Remo – über unsere Geschichte liest du mehr in Kapitel 4) und schließlich schaffte er es, dass ich dem Ganzen eine Chance gab.

Er zeigte mir und meiner Freundin Kraftübungen, die ich noch nie zuvor gesehen hatte. Ich dachte, Frauen machten nur Bauch, Beine, Po und Joggen. Der Coach aber führte uns gleich in die Welt von Kreuzheben und Squats ein. Das Ganze machte mehr Spaß, als ich angenommen hatte, und ich entdeckte darin relativ schnell eine unbewusste Leidenschaft (na ja, Remo hatte bestimmt Mitschuld daran, dass ich so gerne hinging).

Zusätzlich machte mir Remo klar, dass ich essen musste. Er schrieb mir einen Ernährungsplan, ohne Kalorienzählen, ohne Abwiegen, einfach ausgewogen und gesund, in Kombination mit zweimal die Woche Krafttraining mit Freigewichten.

Die Resultate waren fantastisch! Ich machte immens schnell Fortschritte und schaffte es innerhalb weniger Wochen vom Bäuchlein zum Sixpack. Ich bekam Bewunderung und Anerkennung von allen Seiten, was mich stets anspornte weiterzumachen.

Gleichzeitig schneiten die Anfragen für Fotoshootings und Auftritte nur so rein. Es war das Jahr 2012 und ich hatte mit meiner sechsseitigen Fotostrecke in der deutschen *FHM*, dem *MAXIM*-Magazin, der *GQ* und vielen weiteren Magazinen endlich einen ersten Meilenstein gelegt. »Das Model, das Gewichte stemmt!« Nur unschwer erkennbar wurde aus dieser Schlagzeile relativ schnell: Fitnessmodel!

Nur knapp ein Jahr lang trainierte und lebte ich so gesund. Dann wollte ich mehr. Ich machte mir selbst Druck. Ich dachte, ich müsste nachliefern, müsste weiterkommen, dürfte nicht stehen bleiben!

Also erhöhte ich mein Trainingspensum auf bis zu fünfmal pro Woche, bevor ich schließlich dieses eigentlich so tolle Fitnessstudio verließ und in ein klassisches Gym mit Geräten wechselte. Der Eigentümer des Studios kannte mich aus der Presse und war bereit, mich in meinem Vorhaben, als Fitnessmodel noch größer zu werden, zu unterstützen.

Schleichend wurden meine Diäten immer extremer und mein Trainingspensum intensiver. Mein Umfeld bestand zu diesem Zeitpunkt ausschließlich aus Bodybuildern und der Traum, es nach ganz oben zu schaffen, war stärker als die Vernunft. Ich ging nach Amerika, wo schließlich alles ausartete und ich zu Anabolika griff.

### Raubbau mit meinem Körper

Eigentlich war ich längst fit wie ein Turnschuh, ich hätte meine einstige Form und mein Trainingspensum einfach halten können – aber: hätte, wäre, könnte. Ich gab mir selbst stets das Gefühl: »Es reicht noch nicht. Du bist noch nicht gut genug. Es gibt noch immer Bessere.« Bessere, kräftigere, bekanntere und extremere Models gab es allemal, erst recht in meinem Umfeld in Los Angeles!

In Los Angeles stieß ich im GOLD'S GYM, wo ich täglich intensiv trainierte, auf eines meiner größten Fitnessvorbilder eh und je – Bethanie. Ich erinnere mich noch gut an den Tag. Ich war gerade im Squat Rack, als ich sie vorbeilaufen sah. Mein Herz blieb für einen Moment stehen. »OMG! Das ist Bethanie!!!!!« Ich folgte ihr schon jahrelang auf Instagram und himmelte sie regelrecht an. Fast noch mehr, als ich damals Britney Spears und Co. anhimmelte. Sie war dort, wo ich hinkommen wollte: extrem viele Muskeln, kein Gramm Fett, Wettkampfathletin und Zehntausende Follower auf Instagram!

Ich traute mich schließlich, sie anzusprechen und ein Foto mit ihr zu schießen. »Girl, deine Figur ist umwerfend! Du bist mit einer verdammt guten Genanlage gesegnet!«, meinte sie zu mir. Recht hatte sie, ich sah eigentlich schon super aus, aber ich selbst betrachtete mich mit anderen Augen und hatte ein verzerrtes Wahrnehmungsbild von mir selbst.

Bethanie und ich trainierten oft gemeinsam. Sie war total nett! Aber sie war in jedem Training stärker und besser als ich, obwohl sie nicht viel älter war. Woran das lag? Vielleicht an Doping? Doping – ich war mir zwar unsicher, aber der Gedanke, es doch mal auszuprobieren, setzte sich in meinem Kopf fest. Außerdem hatte Bethanie Brustimplantate. Ich wusste, dass ich solche ebenfalls brauchen würde, um meinen Erfolg steigern zu können und Anerkennung zu erlangen. »Das macht hier jede Frau. Ist keine große Sache!«

Nun, Drogen sind in jedem Fall eine »große Sache«, mit der man nicht ahnungslos herumexperimentieren sollte. Trotzdem ließ ich mich auf die fettverbrennenden und muskelaufbauenden Präparate ein. Mein Coach verschrieb mir äußerst schwache Dosen – das muss an dieser Stelle erwähnt werden –, die ich nicht steigern sollte. Anfangs tat ich haargenau, was er mir sagte, bis es mir irgendwann zu langsam ging mit dem Abnehmen und dem Muskelaufbau.

*Eine meiner damaligen Bodybuildingfreundinnen aus L.A. und ich*

### Mein Tipp für dich

Wer dopt oder süchtig nach anderen Medikamenten ist, merkt meist selbst gar nicht beziehungsweise macht es sich nicht bewusst, dass er abhängig ist. Denn das würde bedeuten, sich einzugestehen, dass das Doping und/oder all die Medikamente nicht gut für einen sind. Aber lass mich dir aus meiner leidvollen Erfahrung sagen: Das ist mit das Schlimmste, was du deinem Körper antun kannst!

Wenn auch du in dieser Spirale steckst, wache bitte auf und suche dir Hilfe, damit du von den Drogen wegkommst. Mit einem guten Therapeuten, mit Unterstützung deiner Familie und deiner Freunde schaffst du das! Ja, es wird hart, aber es lohnt sich, damit du wieder ein gesundes Leben führen kannst.

Und wenn du an diesem Scheideweg stehen solltest, an dem ich einmal stand, und dich fragst, ob es nicht doch Sinn macht, das ein oder andere einzuwerfen, um abzunehmen, fitter, leistungsfähiger, ausdauernder oder muskulöser zu werden, höre bitte auf meinen Rat: Tu es nicht! Du machst dich und deinen Körper damit kaputt! Und du hast es gar nicht nötig, weil du nämlich so, wie du bist, schon genau richtig bist!

Ich erinnere mich noch gut, wie ich zu Clive, meinem Coach, meinte, dass ich höhere Dosen brauchte, weil es nicht schnell genug ginge (obwohl ich schon längst wie ein Muskelpaket aussah, was ich so aber nicht wahrnahm). Seine Antwort war ganz klar: Nein, keine höheren Dosen, keine stärkeren Präparate. Aber ich hörte nicht auf ihn, erhöhte meine Dosen selbst – und ruinierte mich.

Zusätzlich zum Medikamentenmissbrauch war mein Essverhalten schon längst komplett gestört. Ich ging mittlerweile nicht mehr ohne mein abgewogenes Tupperware-Essen aus dem Haus und es verging kein Tag, an dem ich meine Kalorien nicht zählte.

Ich hatte sehr viele Fotoshootings. Vor jedem Fotoshooting machte ich eine Spezialdiät: Nur noch ungewürzte Hähnchenbrust oder Fisch, grünes Gemüse und

Wasser – nichts Weiteres. Dies zog ich drei Wochen vor jedem Video- und Fotoshoot durch, um richtig schön ausgehungert, definiert und aderig auszusehen. Einen Tag vor dem Shoot musste ich dann »laden«, so nennt man das in der Bodybuildingszene. Laden bedeutet, die geleerten Kohlenhydratspeicher aufzufüllen, indem man alles Mögliche an zuckerhaltigen Kohlenhydraten in sich reinstopft. Was das bringt? Es lässt die Muskeln prall wirken und die Adern fast platzen.

Mein Verhalten wurde immer extremer. Auch, wenn ich keine Fototshoots hatte. Ich kontrollierte permanent meine Ernährung und mein Training und war der Meinung, dass eigentlich jeder das machen sollte: seinen Körper kontrollieren.

Ich verzichtete auf gemeinsamen Urlaub mit Freunden oder auf Abendessen mit meiner Familie. Es wäre jedes Mal unnötig kompliziert gewesen, ihnen von Neu-

*Eine Aufnahme aus meiner Bodybuildingzeit*

## Was ich daraus gelernt habe

Rückblickend weiß ich, dass ich es in Los Angeles genauso hätte schaffen können, wenn ich mir selbst einfach treu geblieben wäre. Vielleicht hätte es etwas länger gedauert, aber es hätte geklappt! Jedoch spreche ich aus Erfahrung, wenn ich sage, dass es nicht leicht ist, sich in Los Angeles treu zu bleiben. Diese Oberflächlichkeit, dieses Umfeld, diese Mentalität ziehen einen mit. Ich kenne kaum jemanden, der länger in dieser Stadt gelebt hat und sich nicht selbst untreu geworden ist.

em erklären zu müssen, dass ich anders essen oder in der Nähe eines Fitnessstudios wohnen wollte. »Denen ist ihre Gesundheit egal, die haben eh keinen Plan von nichts. Sie können mich nicht verstehen.« Ich distanzierte mich. Immer weiter.

Manchmal machten mir Familienfeste einen Strich durch die Rechnung und hinderten mich am Kalorienzählen. Ich weiß noch, wie ich am Geburtstag meiner Cousine ein Stück Schokokuchen aß. Und noch eines. Und noch ein weiteres. Am nächsten Tag hasste ich mich dafür. Ich zog mein Sportoutfit an und bestrafte mich mit Treppenrennen. Dazu schmiss ich eine Ephedrintablette ein, sodass ich mehr Ausdauer und Antrieb hatte. Ephedrin wirkt ähnlich wie Kokain. Es putscht dich auf, du kannst nicht mehr stillsitzen und bist unermüdlich.

Als ich nach meinem harten Treppenrennen nach Hause kam, hatten wir Besuch von Gaby, Mamas bester Freundin, die Krankenschwester ist. Auf meinem T-Shirt waren Blutflecken zu sehen, die Gaby ungerührt registrierte. Sie kannte mich, seit ich ein Baby war. Sie ahnte, was ich gerade durchmachte. »Du hast Nasenbluten!«

Scheiße, schon wieder Nasenbluten von den Medikamenten! Ich legte mich auf die Couch, und während meine Eltern in der Küche waren, kam Gaby zu mir und meinte: »Ganz egal, was für Tabletten du einwirfst, wenn du Hilfe brauchst, bin ich für dich da!«

Ich lächelte nur und stellte mich dumm. Sie wollte mir nicht zu nahe treten und ich blockte sowieso ab. Es ist sehr schwierig, eine kranke Person richtig anzugehen. Gabys Reaktion nahm ich zwar zur Kenntnis, verdrängte sie aber schnell wieder, so wie ich es immer machte, wenn mich jemand auf mein Verhalten ansprach.

Leider blieb es nicht beim Nasenbluten. Mein Medikamentenmissbrauch brachte noch ganz andere Nebenwirkungen mit sich. Ich arbeitete nicht nur mit verbotenen Aufputschmitteln, sondern griff in mein Hormonsystem ein. So kam es, dass meine Periode ausblieb. Ein hormonelles Ungleichgewicht bringt unglaublich viele Nebenwirkungen mit sich. Wenn die Hormone verrücktspielen, spielt plötzlich alles verrückt, vor allem der Appetit.

Ich erinnere mich an immer wiederkehrende Fressanfälle. Ich versuchte, sie zum einen mit übermäßig viel Sport zu kompensieren, aber auch mit quälendem Fasten. Auf das zwanghafte Hungern folgte natürlich der nächste Fressanfall. Irgendwann entdeckte ich dann fast schon zwangsweise das Erbrechen. Neben all dem Krankhaften, was ich mir sonst schon antat, rutschte ich nun auch noch ins Binge Eating mit Bulimie. Nach einigen Tagen Diät halten konnte ich nicht mehr: Ich explodierte, ein Fressanfall, gefolgt von Erbrechen, um die Schandtat rückgängig zu machen.

Das Nasenbluten, der Selbsthass, das Erbrechen – all das waren Anzeichen, dass ich längst die Notbremse hätte ziehen müssen, aber ich konnte nicht! Der Wille, mein Leben und meine Figur zu kontrollieren, war größer.

Nach einer Weile konnte ich mein wahres Ich nicht länger vor mir verstecken. »Ich hatte vor all dem Fitnesswahn nie Kämpfe mit meiner Figur. Und es ging mir früher gut! Was mache ich hier eigentlich?« Ich hatte Angst vor diesem Gedanken. Ich verdrängte ihn. Sehr lange.

# MEIN WEG ZURÜCK ZUR NATÜRLICHKEIT

Es dauerte seine Zeit, aber irgendwann fand ich den Mut, der Realität ins Auge zu sehen. All dieses Bodybuilding, diese Muskeln, diese innere Verbissenheit, das war nicht mein Wesen. Das war nicht ich.

Wie zum Teufel hatte ich es nur so weit kommen lassen? Wie war ich in diese Endlosspirale geraten? Würde ich jemals wieder aus ihr herauskommen, die Freude zurückgewinnen, die ich vor all dem gehabt hatte, und zu meinem eigentlichen Wesen zurückfinden?

Es schien alles so unglaublich schwer und Dimensionen weit entfernt. Ich war über 80 Kilo in Muskelmasse, hatte eine tiefe Stimme, meine Tage blieben aus, ich hatte unreine Haut und meine Persönlichkeit war längst nicht mehr die fröhliche, entspannte und natürliche, die sie einmal gewesen war. Ich wusste: Es wird hart. Es wird dauern. Es wird Geduld brauchen …

Tief in meinem Inneren war mir die ganze Zeit bewusst gewesen, dass ich nicht als mein wahres Ich fungierte. Den Mut, den Kampf aufzunehmen, brachte mir ein Schlüsselmoment mit Sarah, einer meiner besten Freundinnen seit meiner Kindheit. Sarah schaffte es, mir den Spiegel hinzuhalten und mich wachzurütteln. Dank ihr schaffte ich es, die Sucht nach Perfektion hinter mir zu lassen. Ein Ausstieg, der mein Leben veränderte!

Es war Anfang 2015, Februar oder März. Ich war unzufrieden, aber trotzdem noch mitten im Bodybuildingfieber, als ich Sarah in Los Angeles traf. »Wow! Du siehst anders aus!« Das war das Erste, was sie zu mir sagte. Sarah meinte, ich sähe noch viel brutaler aus, als auf den Instagramfotos. Aber nicht nur das Aussehen, auch meine Art erschien ihr fremd. Sarah kannte mich, ihr konnte ich nichts vormachen. Sie war für einige Tage zu Besuch und ich war gezwungen, mich auf sie einzulassen, also tat ich es.

*Meine Kindheitsfreundin Sarah und ich. Das Foto entstand in L.A. an jenem Tag, an dem sie mich zur Einsicht brachte.*

Sarah fuhr mit mir zu der Wohnung, in der ich damals wohnte, und wir warfen gemeinsam all meine Spritzen und Tabletten in den Mülleimer. Das fühlte sich so befreiend an! Fertig mit dem ungesunden Teufelszeug, das meinen Körper und meine Psyche zerstörte! Direkt danach schickte ich Clive, meinem Coach, eine SMS, dass ich nicht mehr zum Training kommen würde. Ich wollte das alles beenden! Wenn es so einfach gewesen wäre …

Nur zwei Wochen später ging ich auf Knien zu meinem Coach ins GOLD'S GYM zurück und entschuldigte mich für meine Krise. »Ich bin wieder da und bereit, weiterhin Vollgas zu geben!« Er nahm mich ohne zu zögern wieder auf und ich legte erneut los. Mit allem, was dazugehörte. Ich wurde rückfällig.

Sarahs Worte aber ließen mich nicht los. Ich wusste, dass sie recht hatte. Wenige Wochen später versuchte ich noch einmal, von meiner Medikamenten- und Sportsucht loszukommen. Vergebens. Ich schaffte es allein nicht. Das war anders als alles, was ich bisher in meinem Leben hatte meistern müssen. Ich war süchtig, ich war krank und ich brauchte Hilfe.

## Meine Therapie: nach Hause fahren

Irgendwann sah ich ein, dass ich in Los Angeles im falschen Umfeld war. Es tat mir nicht gut, diesen surrealen, oberflächlichen Lebensstil um mich zu haben. Wenn ich gesund werden und zu mir selbst zurückfinden wollte, dann musste ich nach Hause, in die Schweiz, zurück in mein vertrautes Umfeld.

Ich buchte einen Flug in die Schweiz und zog wieder bei meinen Eltern ein, die für mich da waren und mir beistanden. Ich brauchte tatsächlich Beistand, denn ich konnte nicht allein sein. Sobald man mich allein ließ, dachte ich wieder an Training und Kalorienzählen. Man musste mich ablenken.

Meine Eltern wollten mich zu einem Spezialisten schicken, aber das wollte ich nicht. Ich wusste, dass dieser mir Antidepressiva und weitere Medikamente geben würde, welche mich zur Vernunft bringen sollten. Bis heute bin ich froh, keine schulmedizinische Hilfe in Anspruch genommen zu haben, denn durch meinen Medikamentenmissbrauch hatte ich eine Abneigung gegen Medikamente. Ich wollte nicht noch mehr Chemie, ich wollte Natürlichkeit!

Ich begann, regelmäßig eine Naturheilpraktikerin aufzusuchen, die mich kinesiologisch und vor allem mit stundenlangem Zuhören unterstützte. In Kombination mit der Liebe meiner Eltern war das die beste Therapie für mich! Ich musste von meinen Eltern regelrecht das Gefühl der Liebe spüren, da ich es sonst nirgendwo bekam. Ich brauchte jemanden, der mir sagte, dass er mich gern hatte! Nicht eines entsprechenden Körpergewichts wegen, sondern wegen meines Wesens als Ganzes! Ich brauchte meine Eltern für diese Botschaft, denn zu diesem Zeitpunkt wusste ich noch nicht, dass man sich auch selbst lieben kann … Es war keine einfache Zeit. Es hat gedauert, bis die Erfolge einsetzten.

Durch meinen kalten Entzug der Hormonpräparate litt ich erneut unter Heißhungerattacken und Fressanfällen. Dieses Mal aber nicht wegen Diäten, wie früher, sondern bedingt durch das hormonelle Ungleichgewicht. Wenn ich mit meinen Eltern zusammen war, wurde kontrolliert, dass ich normal aß. Wir führten den Familientisch wieder ein. Ich brauchte das, ich musste den Bezug zum Essen neu lernen.

> Essen ist etwas, das man in Gemeinschaft genießen sollte. Es sollte nichts mit Kontrolle, schlechtem Gewissen und Zwang zu tun haben.

Der Einzug bei meinen Eltern war für mich unerlässlich, denn ich hätte das sonst nicht geschafft. Nachts, wenn sie schliefen, schlich in die Küche und fraß alles, was mir in die Finger kam. Schüsselweise Cornflakes, Schokolade, Riegel, manchmal kochte ich sogar nochmal etwas. Ich konnte erst einschlafen, wenn ich übersatt war.

Am nächsten Morgen war ich oft traurig darüber, denn das »Fressen« erinnerte mich an meine Bulimie-Zeit.
Aber ich wusste, dass der Grund für
meine Fressanfälle hormonell und
nicht in erster Linie psychisch bedingt war. Es brauchte wohl einfach
alles viel Geduld.

Ich erlaubte mir jedes Nahrungsmittel. Es sollte für mich keine verbotenen Lebensmittel mehr geben.
Anfangs artete das oft aus, aber
wenn etwas nicht verboten ist, ist es
irgendwann auch nicht mehr so inte-
ressant, und die Fressanfälle gingen
vorbei.

Es ist schwierig, eine Essstörung zu überwinden, da man Nahrung in verbote-
ne und erlaubte Lebensmittel einteilt. Man findet Gefallen an der zwanghaften
Kontrolle und kränkt damit nicht nur den eigenen Körper, sondern auch die Psyche. Wenn ich den einfachsten, aber gleichzeitig effektivsten Tipp geben müsste,
der mir aus meiner Essstörung herausgeholfen hat, wäre das: Vergiss vorerst alle
Regeln. Alle. Erlaube dir jedes Nahrungsmittel, zähle keine Kalorien und schalte
deinen Kopf aus – genauso, wie du es als Kind gemacht hast. Bestimmt hast du als
Kind in einem gesunden Ausmaß gegessen. Einfach das, wonach dir war. Wenn
du Hunger hattest, hattest du Hunger. Wenn du satt warst, hast du aufgehört zu
essen, auch wenn dein Lieblingsessen vor dir auf dem Tisch stand.

Das »Ich kann nicht aufhören zu essen« oder »Ich kann jetzt nichts essen« hat mit
deiner Psyche zu tun, nicht mit deinem Appetit. Räume in deinem Leben auf.
Was hat dich in die Essstörung geführt? Wo liegt die Ursache? Dort musst du

*Heute fühle ich mich glücklich mit mir, so wie ich bin.*

anpacken. Und dann, dann musst du loslassen. Lass los und traue dich, ins kalte Wasser zu springen. Es braucht etwas Geduld, bis du dich an die Kälte und Nässe gewöhnt hast, aber plötzlich merkst du, wie erfrischend und belebend sie sind.

Durch AKZEPTANZ schaffte ich es, ein immer normaleres und intuitiveres Essverhalten anzunehmen, wie ich es früher einst gekannt hatte. Akzeptanz versuchte ich auch auf mein Körperbild anzuwenden, was nicht so einfach war, denn durch das hormonelle Ungleichgewicht hatte ich, völlig egal, ob ich viel oder wenig gegessen hatte, mit Gewichtszunahme und Wassereinlagerungen zu kämpfen.

Im Sommer 2015 erreichte ich mein Maximalgewicht, nicht aber in Muskelmasse, seit Langem sah ich zum ersten Mal an meinem Körper wieder Cellulite. Mein Gesicht, meine Waden, meine Arme, alles war aufgedunsen. Aufgedunsen von der hormonellen Umstellung. Natürlich war es für mich in dieser Zeit sehr verlockend, einfach wieder zu Doping zu greifen, aber ich hielt durch, auch wenn es hart war.

Ja, ich habe meinen Körper in dieser Zeit gehasst. Ich erinnere mich, dass ich Stunden brauchte, um mich morgens fertig zu machen. In kaum einem Outfit fühlte ich mich wohl und ich suchte ständig nach Dingen, die von meinem Gewicht ablenkten. Eine außerordentliche Kette, ein extremes Make-Up oder knallpinke Fingernägel.

Doch mit der Zeit verstand ich, dass dieser Selbsthass mich nicht weiterbrachte – im Gegenteil! Ich realisierte, dass ich mich selbst immer weiter in die Tiefe zog und sich an meiner Zufriedenheit nichts änderte. Stattdessen versuchte ich, mir immer wieder selbst auf die Schulter zu klopfen und mir gut zuzureden. Immer wieder sagte ich zu mir: »Du bist schon zu weit, um umzukehren! Kämpfe dich zurück zu dir selbst. Du brauchst das alles nicht! Eines Tages wird dein Körper schon wieder in Balance kommen …«

Und so kam es! Es wurde gut! Mit »gut« meine ich aber nicht, dass ich eine entsprechende Gewichtszahl auf der Waage erreichte, die mich glücklich stimmte. Ich meine damit, dass ich es schaffte, nachsichtig und geduldig mit mir selbst zu sein. Ich habe die Situation und vor allem mich selbst akzeptiert, den Druck von mir genommen und den Dingen einfach ihren Lauf gelassen.

# EINEN GESUNDEN LIFESTYLE FÜHREN

Dadurch, dass ich einst als Fitnessmodel bekannt geworden bin und sehr offen über meine Erlebnisse spreche, werde ich praktisch täglich nach meinen Fitnesstipps gefragt. »Anja, was ist die effektivste Trainingsübung? Welchem Ernährungsplan muss ich folgen? Wie viele Kalorien soll ich täglich verbrennen und zu mir nehmen?«

Meine Antwort auf all diese Fragen ist immer dieselbe: Vergiss deinen Trainings- und Ernährungsplan! Lege ihn zur Seite. Du brauchst ihn nicht. Deine Problemzone ist nicht dein Bauch, deine Beine oder dein Po. Deine Problemzone ist dein Kopf!

Und genau dort musst du anfangen, bei deiner Einstellung zur gesamten Sache. Ich kenne es nur zu gut, wenn man unzufrieden mit seinem Körper ist und etwas daran ändern möchte. Viel schöner aber ist es, wenn du eine gesunde Ernährung und Sport nicht nur als Mittel zum Zweck »Abnehmen« sehen kannst. Eine gesunde Ernährung und Bewegungstraining haben einen Effekt auf so viel mehr als nur deine Figur!

> Mache deine Figur nicht zum Einzigen, worüber du dich definierst. Du bist so viel mehr als nur deine Figur!
>
> Stelle Gesundheit und Spaß in den Vordergrund. Verabschiede dich von »müssen« und »Schweinehund überwinden«.

Durch eine vollwertige, gesunde und ausgewogene Ernährung – und ich spreche nicht von einer kontrollierten Diät – wird es dir allgemein besser gehen. Du wirst mehr Energie im Alltag haben, dich wohler fühlen, besser schlafen, am Morgen einfacher aufstehen, weniger anfällig für allgemeine Krankheiten sein und allenfalls sogar gewisse Erkrankungen lindern oder in den Griff bekommen können, ein besseres Hautbild haben, schönere Haare und Nägel und vieles mehr. Die Ernährung hat einen Einfluss auf so viel mehr, als wir denken.

*Ich fühle mich durch meine Ernährungsweise einfach gut.*

Die Entscheidung über die Wahl unserer Lebensmittel betrifft sogar noch weitaus mehr als nur uns als Einzelperson. Wusstest du, dass deine Ernährung auch einen Einfluss auf unsere Umwelt hat, unseren Wasser- und $CO_2$-Verbrauch, die Ozeane und das Wohl anderer Lebewesen? Wieso also solltest du deine Ernährung nur »um abzunehmen« umstellen, wenn sie doch eigentlich einen Einfluss auf so viel mehr hat?

Ich persönlich ernähre mich aus Überzeugung durch eine vollwertige, rein pflanzliche Kost. Das heißt nicht, dass eine vegane Ernährung die einzige Methode ist, gesund zu leben. Jeder Mensch ist anders, jeder Mensch empfindet anders und jeder Mensch darf für sich selbst entscheiden, was für ihn stimmt. Für mich persönlich (!) ist vegan das Einzige, schon allein aus den oben erwähnten Gründen. Ich habe mich intensiv mit dem Thema auseinandergesetzt und habe sehr viele Bücher und Dokumentationen zum Thema vegane Ernährung studiert. Apropos studiert – ich mache ein Fernstudium an der Akademie für Naturheilkunde für holistische Gesundheit, bei dem mir meine Theorien auch immer wieder aufs Neue bestätigt werden.

> Hinter was für einer Ernährungsform du stehst, entscheidest du selbst. Kein Diättrend, kein Ernährungsplan und auch nicht ich, die Autorin dieses Buches, sollten festlegen, was das Beste für dich ist. Das wirst du selbst herausfinden, indem du wieder beginnst, auf deinen Körper zu hören.

Wir Menschen sind eigentlich sehr feinfühlige und naturverbundene Wesen, wenn wir uns nur nicht so durch die Industrialisierung automatisieren lassen würden. Weißt du noch, wie sich Hunger anfühlt oder wann du satt bist? Viele, die einfach nur einem Ernährungsplan folgen, ohne auf die eigenen Impulse zu hören, haben kein Gespür mehr dafür. Essen wird Müssen, System und Kontrolle.

Dein Körper ist nicht dumm, höre auf ihn, er sagt dir eigentlich ganz genau, was er braucht und was nicht. Finde Bezug zu dir und lerne, Essen aus einer anderen Perspektive wahrzunehmen.

Trotz all diesen so viel höheren, wertvolleren und eigentlich einfacheren Tipps als jene, die man standardisierten Ernährungsplänen entnimmt, wollen viele noch immer einen »Plan«, einen Leitfaden, denn sie trauen es sich nicht selbst zu, auf ihre Intuition hören zu können.

Einen kurzen Leitfaden gebe ich gerne:

- Je unverarbeiteter deine Lebensmittel sind, desto gesünder sind sie.
- Je kürzer die Zutatenliste der Inhaltsstoffe ist, umso wohltuender sind sie für deinen Körper.
- Kohlenhydrate musst du nicht streichen, im Gegenteil! Auch hier gilt: Je unverarbeiteter, desto besser! Ich habe noch nie einen Menschen gesehen, der zum Beispiel von einer Kartoffel zugenommen hat oder gesundheitliche Folgen tragen musste. Raffinierter Zucker hingegen ist ein industriell verarbeitetes Produkt. Zucker ist ein monosaccharides Kohlenhydrat und die Kartoffel gehört im Gegensatz dazu zu den Polysacchariden. Außerdem: 1 Gramm Kohlenhydrat hat 4,1 Kilokalorien. 1 Gramm Protein hat ebenfalls 4,1 Kilokalorien. Ich will an dieser Stelle gleich wieder aufhören, mit Zahlen um mich zu werfen, da eine gesunde Ernährung viel besser, schöner, einfacher und entspannter umzusetzen ist, wenn man die Zahlen vergisst und darauf vertraut, was einem holistisch guttut.
- Trinke viel Wasser! Eine goldene Grundregel: Reduziere den Konsum von Limo und sonstigen Süßgetränken. Wasser in seiner natürlichsten Form dankt dir dein Körper am meisten. Mit natürlichem Tee, einem Minzblatt oder einer Limetten- oder Wassermelonenscheibe im Wasser kannst du natürliche Kreativität gewinnen, sodass du nicht immer nur »leeres Wasser« trinkst, falls dir das zu langweilig sein sollte.
- Esse, wenn du Hunger hast, und esse nicht, wenn du keinen Hunger hast. Vergiss Regeln wie »nach 18 Uhr keine Kohlenhydrate« oder Mealtiming.

Das sind kurz und knapp die für mich wichtigsten Faktoren. Intuition steht an erster Stelle – und diese Intuition hast du eigentlich in dir! Schließe deine Augen und spüre dich. Vertraue dir! Bestimmt braucht es anfangs seine Zeit, und du solltest dir diese geben.

Dasselbe gilt für den Sport. Betrachte Sport nicht nur als Mittel, um Kalorien zu verbrennen. Mit dieser Einstellung wirst du nämlich jedes Mal kämpfen hinzugehen. Ich rate dir, nicht irgendeiner Trendsportart nachzugehen, von der du gehört hast, sie sei gut für den Bauch oder am effektivsten für den Po, ich empfehle dir, beim Sport den Spaß in den Vordergrund zu stellen.

*Neben dem Tanzen habe ich auch Freude am Yoga entdeckt.*

Der Schlüssel zum Erfolg ist hier Kontinuität. Kennst du es auch, dass du dich für einen Fitnesskurs anmeldest, dreimal hingehst (wenn überhaupt) und dann wieder hinschmeißt? Du wirst sauer und bekommst einen Hass auf dich selbst. Weil du es schon wieder nicht durchgezogen hast. Statt dich selbst dafür zu hassen, solltest du aber viel lieber hinterfragen, wieso du nicht gerne hingehst, und die Antwort ist ganz einfach: Entweder du bist schlicht zu faul oder es macht dir einfach keinen Spaß, punkt!

Ich bin jedoch überzeugt davon, dass es für jeden Menschen eine Art von Bewegung gibt, die ihm Freude bereitet. Ich persönlich habe als Kind mit Tanzen angefangen. Ganz bestimmt nicht mit der Absicht abzunehmen, ich war ja ein Kind. Ich habe diese Sportart gewählt, weil ich Freude daran hatte, mich zur Musik zu bewegen!

*Durch all diese Erfahrungen und meinen Wandel zurück zur Natürlichkeit durfte ich im Juni 2018 auf der internationalen TEDx-Bühne zum Thema »Selbstliebe und Selbstwahrnehmung« referieren.*

Finde zu den Dingen zurück, die dir als Kind Spaß gemacht haben. Ziemlich sicher bereiten sie dir noch immer Spaß und erinnern dich anstatt an ein »Müssen« an die Leichtigkeit, die du schon als Kind dabei verspürt hast.

Also hole deinen Volleyball, dein Einrad, deine Rollerblades, den Fußball – was auch immer – aus dem Keller und lege los oder melde dich im Tanzstudio in deiner Nähe an. Was auch immer es ist, wenn es Spaß macht, wirst du es kaum erwarten können, ein nächstes Mal hinzugehen. Du wirst dranbleiben, glücklich sein, stolz auf dich sein und während all dem gar nicht mitbekommen, wie die Pfunde wie von selbst purzeln und du plötzlich fitter geworden bist.

Ernährung und Sport sind nicht die einzigen Dinge, die dich gesund halten. Hast du mal dein Umfeld und deinen Alltag studiert? Erfüllt dich deine Arbeit? Bist du glücklich mit deinem Partner oder deinem Freundeskreis? Falls dein Alltag von Negativität umgeben sein sollte, du dich jeden Tag aufs Neue unglücklich machst, empfehle ich dir auch dort, in dich zu gehen, ehrlich zu sein und »auszumisten«. Nicht nur eine ungesunde Ernährung und ein Mangel an Bewegung können dich krank machen, auch beispielsweise Unzufriedenheit am Arbeitsplatz kann dich kränken – nicht körperlich, aber psychisch! Die physische und psychische Gesundheit sollten stets Hand in Hand gehen.

> Streiche aus deinem Leben, was dir nicht guttut und dich unglücklich macht. Wenn du glücklich werden willst, musst du dich vielleicht von Dingen trennen, die dich daran hindern … Do what makes you happy!

# 4

# Positive Freundschaften und _Liebesbeziehungen_ führen

Sitzt du voller Vorfreude vor diesem Kapitel
und hoffst, dass ich dir anhand all meiner
Beziehungserfahrungen den ultimativen Rat geben
werde, wie du dich in deiner Situation mit deinem
Freund, deinem heimlichen Schwarm oder vielleicht
sogar deinem Ex am besten verhalten sollst?
Da muss ich dich leider enttäuschen…

# DIE GRUNDLAGE FÜR BEZIEHUNGEN, DIE GUTTUN

Ich habe viele schöne und unschöne Erfahrungen in der Liebe gemacht. Ich habe viel gelernt. Nicht etwa, was die richtige Taktik ist, um eine Beziehung zu retten, meinen Schwarm dazu zu bringen, sich in mich zu verlieben, oder meinen Ex zurückzubekommen – nein, ich habe etwas viel Wichtigeres gelernt.

Die Lösung all deiner Liebesprobleme (und Probleme allgemein) ist, die Kraft zu finden, ehrlich zu dir selbst zu sein! Schaue dich im Spiegel an, schaue durch deine Augen, in deine Seele. Was willst du? Worum geht es? Was fühlst du und weshalb?

Was alle anderen dir raten, empfehlen – oder deren Meinung generell –, ist unwichtiger als das, was du selbst für dich möchtest und fühlst. Niemand kennt dich so gut wie du selbst, daher weiß auch niemand anders so gut wie du, was das Beste für dich ist – vorausgesetzt, du bist ehrlich zu dir. Ehrlichkeit erfordert Mut! Sei dir bewusst, was du wirklich willst und was nicht.

Sage in einem zweiten Schritt deinem Gegenüber (Schwarm, Freund, Ex…) die Wahrheit. Spiele keine Spielchen. Deine Freunde raten dir vielleicht: »Schreibe nicht zurück, so machst du es spannend!« oder »Tu so, als seist

*Wer glücklich sein will, muss mit sich selbst im Reinen sein.*

du über ihn hinweg, unterhalte dich in seiner Gegenwart mit einem anderen, extrem gutaussehenden Typen. Das wird ihn wahnsinnig machen und zu dir zurückführen!«

Nein! Erstens wird es das nicht und zweitens: Das sind Spielchen! Du selbst hasst doch Spielchen, nicht wahr? Willst du, dass man mit dir Spiele spielt? Nicht wirklich, oder? Warum solltest dann du welche eröffnen?

*Mein Glück hängt nicht von einer anderen Person ab, sondern einzig und allein von mir selbst! Ich bestimme, ob ich glücklich bin. Nicht mein Partner, Schwarm oder Ex.*

Wie ich bereits in Kapitel 2 erwähnt habe: Der Schlüssel zu allem im Leben ist Ehrlichkeit! Vielleicht entspricht das Resultat davon nicht immer deiner Traumvorstellung, aber es bringt dich etwas viel Wichtigerem näher: der Realität!

## Mein Tipp für dich

Man darf träumen, man darf sich eine gedankliche Auszeit vom Alltag nehmen und man darf Wünsche haben. Aber lüge dich nicht an. Sei stark und lerne, mit der Realität umzugehen. Das habe ich im Laufe meines Lebens gelernt.

# WAS IST EIGENTLICH EINE GUTE BEZIEHUNG?

»Anja, du hast so ein Glück! Du kannst jeden Mann der Welt haben!« Diesen Satz bekomme ich schon fast mein ganzes Leben lang zu hören. Denn schon als ich ein Kind war, meinten Freunde meiner Eltern zu ihnen: »Die mönder mol aabende, so schön wie die esch. Die vertreit allne de Chopf!« (»Eure Tochter solltet ihr mal irgendwo festbinden, so schön wie sie ist. Die verdreht sonst allen den Kopf!«)

Der Punkt »Beziehungen« ist für mich ein großes Thema. Ich habe eine Menge dazu erlebt und meine Erfahrungen haben mich extrem stark geprägt. Herzschmerz hat jeder schon mal gehabt. Oder fast jeder. Herzschmerz ist einer meiner treusten Begleiter, den ich immer wieder aufs Neue erlebe. Immer wieder wegen eines neuen Mannes, von dem ich dachte, er sei »der Eine«. Beziehungen wurden mir immer wieder zum Verhängnis. Bis heute. Bin ich vielleicht das Problem? Bin ich beziehungsunfähig?

Ich komme sehr gut allein zurecht, denn schon mein ganzes Leben lang bin ich unabhängig und selbstständig. Trotzdem bin ich nicht wirklich gerne allein. Der Mensch sehnt sich nach Anschluss, nach Freundschaft, nach Liebe. Ich glaube, eine harmonische, entspannte, unkomplizierte und bedingungslose Liebe erleben zu dürfen, gehört für fast jeden Menschen zu einer der schönsten Vorstellungen überhaupt.

Liebe generell ist das Schönste auf der Welt, finde ich! Aber es gibt so viele Formen von Liebe! Es gibt längst nicht nur die klassische Liebesbeziehung zwischen Mann und Frau, die uns erfüllt. Liebe kann man auf so viele verschiedene Weisen wie zum Beispiel durch Familie, Freunde oder – so wichtig – sich selbst erfahren! Selbstliebe! Nichtsdestotrotz: Wer schon einmal in einer harmonischen Liebesbeziehung war, weiß ganz genau, wovon ich spreche, wenn ich sage, dass es wunderschön ist.

Woher die Sehnsucht nach einer harmonischen Liebesbeziehung bei mir persönlich kommt? Wo sie wohl bei den meisten unterbewusst herkommt: Sie wird uns vorgelebt. Von klein auf. Wir wachsen in einem gesellschaftlichen System auf und lernen schon früh, was sich gehört, was sich nicht gehört, was richtig und was falsch ist. Vor leider nicht mal ganz so vielen Jahren haben wir beispielsweise noch gelernt, es sei falsch, gleichgeschlechtlich zu lieben. Nur gegengeschlechtliche Liebe sei richtig. Leider ist dieser verkorkste und völlig schwachsinnige Gedankengang noch nicht lange aus unseren Köpfen verschwunden, bei manchen ist er erschreckenderweise noch immer verankert. Aber wer hat uns das eigentlich beigebracht? Ich denke, es war unsere Gesellschaft…

Mir persönlich wurde von klein auf vorgelebt, dass es normal ist, im Alter von ungefähr 20 bis 25 Jahren einen festen Freund zu haben, bald zusammenzuziehen, zu heiraten und schließlich Kinder zu bekommen. So ist es »normal«. Erst mit 45 oder schon mit 16 Mutter zu werden, ist anders, als in unserem System gerne gesehen.

Das perfekte Familienbild habe ich genau so vorgelebt bekommen. Meine Eltern haben in ihren frühen Zwanzigern geheiratet und kurz darauf meinen Bruder und mich bekommen. Heute sind sie rund 30 Jahre verheiratet.

Meine Einstellung gegenüber Männern und Beziehungen war also von Grund auf extrem positiv. Es schien alles so unkompliziert. Warum sollte es kompliziert sein? Ich habe es nie anders gekannt und vorgelebt bekommen. Es muss das Normalste der Welt sein, eine harmonische Beziehung zu führen…

Nun, bei mir läuft das Ganze ein bisschen anders, als ich es mir als Kind vorgestellt habe. Ich erinnere mich, dass ich als kleines Mädchen immer davon geträumt habe, im Alter von 24 Jahren zu heiraten. Natürlich mit weißem Kleid in der Kirche und zivil barfuß am Strand mit Klappstühlen für die Gäste. Ich wurde älter, begann, Erfahrungen mit Männern zu machen, und trotz der ersten Enttäuschungen änderte sich lange nichts an dieser Traumvorstellung. »Ich bin ja noch jung, ich bin noch lange keine 24, es besteht immer noch Hoffnung, dass ich noch alles richtig machen kann. So wie meine Eltern es haben (und sich für mich wünschen). Keine Sorge, Anja!«

Wie wir alle wissen, die Zeit bleibt niemals stehen, sie läuft. Schließlich kam ich dem 24. Lebensjahr immer näher und realisierte gleichzeitig, dass ich mich von meinem rosaroten Kindheitstraum immer weiter und weiter entfernte.

## Mein Tipp für dich

Als Kind hat man keine Ahnung davon, wie hart das Leben sein kann. Du hast Traumvorstellungen, die auf dem begründen, was dir vor allem von deinem Umfeld, wie zum Beispiel deinen Eltern, deinen Großeltern, deinen älteren Geschwistern und unserer Gesellschaft allgemein vorgelebt wird. Aber sei dir bewusst: Du musst nicht die Erwartungen anderer erfüllen!

Wenn deine Eltern getrennt oder sogar geschieden leben, heißt das nicht, dass du die Liebe deines Lebens nicht finden wirst, da es ja sowieso nicht klappt, wie deine alleinerziehende Mutter oder dein alleinerziehender Vater dir immer gesagt hat. Genauso darfst du dich nicht unter Druck setzen lassen, wenn deine Eltern eine perfekte Ehe führen, und denken, es wird dasselbe von dir erwartet.

Du bist du! Du lebst dein eigenes Leben!

Ob deine Eltern dir ein harmonisches Beziehungsbild oder das komplette Gegenteil davon vorgelebt haben, mit Scheidung, Rosenkriegen und allem, was dazugehört, darf absolut nichts dazu beitragen, wie dein Liebesleben abläuft. Du hast niemanden glücklich zu machen und zufriedenzustellen außer dich selbst!

Meine heutigen Ansichten zu Beziehungen sind nicht nur von Schönem, sondern auch von Enttäuschungen geprägt. Trotzdem versuche ich, wie ich es in jedem Bereich meines Lebens tue, positiv eingestellt zu bleiben und nehme an, was die Zukunft mit mir vorhat. Alle Enttäuschungen und Niederlagen sind schließlich Prozesse, aus denen ich gelernt habe und an denen ich gewachsen bin.

Vielleicht werde ich die Art der Beziehung, die mir meine Eltern vorgelebt haben, selbst niemals haben – und das wäre okay. Wenn ich meinen Eltern von einem anderen Beziehungsbild als jenem, das sie kennen, erzähle, belächeln sie mich leicht und meinen: »Du bist ja noch jung, das wird sich noch ändern, du wirst schon noch jemanden finden, warte ab.«

Jemanden finden – ist das tatsächlich das Ziel des Lebens? Kann man nicht auch ohne einen Partner glücklich sein? Wird von uns erwartet, jemanden zu finden und Kinder in die Welt zu setzen? Das klassische Bild einer harmonischen Beziehung mit Heirat, Kind und Kegel ist auf jeden Fall wunderschön, keine Frage. Aber kann es nicht auch wunderschön sein, wenn es etwas anders abläuft?

Ich habe in Beziehungen immer wieder alles von mir gegeben und wurde schlussendlich doch fallen gelassen. Erst heute verstehe ich, dass ich vielleicht eben gerade deswegen fallen gelassen wurde. Weil ich mich selbst oftmals aufgegeben, mein Glück von meinem Partner abhängig gemacht und alles nach meinem Partner ausgerichtet habe.

Ich habe viele Stärken. Aber Beziehungen gehören vermutlich nicht dazu. Bis jetzt auf jeden Fall. Oder doch? Lag es denn überhaupt an mir? Schließlich bin ich doch ein sogenannter Beziehungsmensch.

Einige Leser mögen sich mit diesen Gedanken identifizieren können. Andere hingegen mögen mich in meiner Verzweiflung belächeln, wie zum Beispiel meine Eltern. Völlig in Ordnung.

Manchmal befürchte ich, dass ich vielleicht zu rational für Beziehungen bin. Ich bin zwar ein totaler Herzensmensch, Sternzeichen Löwe. Wenn ich liebe, dann liebe ich aus tiefstem Herzen mit allem, was ich habe, und

*Glaube immer an dich selbst und lass dich von nichts und niemandem unterkriegen – und schon gar nicht von Liebeskummer!*

würde für meinen Geliebten sogar mein letztes Reiskorn oder meinen letzten Franken geben. Ich liebe hemmungs- und bedingungslos.

Aber irgendwann habe ich begonnen, mein Denken selbst in die Hand zu nehmen und vieles, was unsere Gesellschaft ohne groß mitzudenken tut, zu hinterfragen. Ich bin mir mittlerweile tatsächlich nicht mehr ganz so sicher, wie viel ich von unserem klassischen Beziehungssystem wirklich halte. Es kann sein, aber es kann auch nicht sein, dass ich mit einem Partner zusammenziehen, heiraten und Kinder haben werde – oder das Ganze in völlig verkehrter Reihenfolge erleben werde. Ich schließe nichts aus, erwarte aber auch nichts und genau das ist der Punkt: Ich bin offen für alles. Und bis irgendetwas davon passiert, bin ich mit mir, meinem Wesen, meinem Leben, meinen Stärken und Schwächen glücklich. Mein Leben gehört mir allein. Und es passiert jetzt! Ich lasse nicht zu, dass der Misserfolg meiner Beziehungen mich ungläubig macht und vom Leben abhält.

*Wer erwartet, wird zu oft enttäuscht. Expect nothing – appreciate everything!*

# WIE MICH MEINE BEZIEHUNGEN PRÄGTEN

Ich möchte dir nun von meinen Erfahrungen erzählen, bevor ich dir meine Entschlüsse, meine Erkenntnisse und meine Tipps daraus verrate. Spulen wir an den Anfang zurück.

Schon in der Oberstufe war ich ganze drei Jahre lang hoffnungslos in einen Jungen verliebt: Samuel. Die typische Teenieverknalltheit eben. Ich hatte in dem Alter ein gesundes Selbstbewusstsein, aber in seiner Gegenwart war ich still wie eine Kirchenmaus. Ich konnte mich in seiner Nähe nicht normal verhalten. Es war 2006, ich war also um die 13 Jahre alt. Einmal knutschten wir im kleinen Jugendtreff neben unserer Schule rum und ich dachte, nun würden meine Träume wahr werden. Doch Samuel war betrunken gewesen, sodass er am nächsten Tag von nichts mehr wusste, sagte er zumindest.

Ein anderer Junge, Fabrizio, war über beide Ohren in mich verliebt. Fabrizio war wirklich ein Traumtyp, aber ich fühlte keinerlei Anziehung ihm gegenüber – und dieses Elend begleitet mich bis heute: Die Toptypen stehen Schlange, aber ich fühle mich nun mal zu den *Fuckboys* hingezogen. Das hat sich bis heute nicht wirklich geändert.

Irgendwann kam Oli, ein Snowboarder. Er war cool, beliebt, ein Jahr älter als ich, kiffte und trank Alkohol. Die damals sehr naive Anja war natürlich beeindruckt. Während ich das schreibe, lache ich. Ich erinnere mich noch so gut und realisiere einmal mehr, wie einfach ich doch eigentlich gestrickt bin. Schon damals brauchte es absolut gar nichts, um mein Herz zu gewinnen; ich würde sogar sagen, man sollte auf keinen Fall zu viel bieten! Mich zieht das *Abgefuckte* an. Sei auf keinen Fall zu gut, das finde ich nicht spannend und es fordert mich wohl zu wenig heraus. Ich kann mir mein Herz und meinen Kopf manchmal selbst nicht erklären. Aber das geht vielleicht einigen so.

Oli war derjenige, der mich im Alter von 15 Jahren meinen ersten, saftigen Herzschmerz fühlen ließ. Ich war im ersten Lehrjahr meiner Friseurausbildung, Oli auf dem Gymnasium. Über ein halbes Jahr lang trafen wir uns fast täglich zum Mittagessen. Wir waren wirklich, wirklich gute Freunde und wohl beide ineinander verschossen. Vermutlich aber hatte ich zu hohe Erwartungen. Waren es denn wirklich zu hohe Erwartungen?

Nach einem halben Jahr Mittagessensdates feierten Oli und ich zusammen Silvester. Wir gestanden uns in dieser Nacht unsere Gefühle. Oli verbrachte die Nacht bei mir zu Hause und ich hatte mit ihm mein erstes Mal.

Danach hörte ich nicht mehr viel von Oli. Vier Tage später kam eine SMS, in der stand, dass er doch lieber nur mit mir befreundet sein und keine Beziehung wollte… Mein Herz wurde das erste Mal zerrissen. Ich hatte ihm gerade ALLES gegeben und der Dank dafür war, dass er doch lieber nur befreundet sein wollte? Das tat weh. Nichts konnte mich trösten. Ich wollte doch einfach nur einen Freund, so wie sich das für mein Alter gehörte. Er wäre perfekt gewesen, dachte ich.

Drei Monate später lernte ich via Netlog – das damalige Instagram – Mathieu kennen. Auch Mathieu sah auf seinen Fotos übertrieben cool aus: lange Surferhaare, ein Cap und übergroße Klamotten. Zudem war er auf einigen Bildern mit Zigarette und Vodka Redbull abgebildet. Wie cool ich das damals fand, habe ich bereits erwähnt. Mathieu und ich chatteten einige Tage hin und her, tauschten einige Songs aus, die wir von Limewire runtergeladen hatten, und verabredeten uns kurz darauf. Alles, was ich über ihn wusste, war, dass er zwei Jahre älter war als ich und irgendwo aus dem Luzerner Hinterland kam. Eines Abends kam er zu mir in die Stadt. Was wir genau vorhatten, wussten wir nicht, schlichen aber leise in mein Zimmer, denn ich hatte meinen Eltern, mit denen ich sonst ein äußerst offenes Verhältnis pflegte, nichts von Mathieu erzählt. Er verbrachte die Nacht bei mir und ich stellte ihn erst am nächsten Morgen meinen Eltern vor. Sie waren nur mittelmäßig begeistert von dem unangekündigten Typen in XL-Klamotten, mit langen Surferhaaren und umgedrehtem Cap.

Aus diesem eigentlich etwas absurd scheinenden One-Night-Stand wurde jedoch meine erste, ernsthafte Beziehung. Mathieu und ich waren ein Jahr und neun Monate zusammen. Es war eine wunderschöne Zeit. Ich war richtig verliebt. Und es war auch gegenseitig. Mathieu hat mich geliebt, das weiß ich. Aber er hat es nicht so ernst genommen wie ich. Wieso sonst hat er mich während diesem einen Jahr und neun Monaten insgesamt mit zehn anderen Frauen betrogen?

Lange hatte ich keine Ahnung von nichts, bis Mathieus bester Freund mir einiges verriet. Zeitgleich schrieb mich eine junge Frau über Facebook an und behauptete, mit ihm geschlafen zu haben. Sie wollte sich entschuldigen, da sie ein schlechtes Gewissen hatte. Sie blieb kein Einzelfall.

Ich sprach Mathieu mit großer Angst und Tränen in den Augen darauf an. Er ahnte schon, dass ich etwas wusste, das sah ich ihm direkt an. »Mathieu, ich will alles wissen. Erzähl mir, mit wem du mich betrogen hast«, sagte ich zu ihm mit halb wütender und halb zittriger, unsicherer Stimme.

Er stritt alles ab, bis ich dann einige Beweise, Facebook-Nachrichten und Co. auf den Schreibtisch knallte. Er gab heulend einige der Geschichten zu. Nicht alle, aber das reichte mir schon. Noch bevor mein Herz in tausend Stücke zerriss, rastete ich aus und schmiss ihn raus. Mein Vater versuchte, meine Tränen zu trocknen, wie der beste Vater der Welt, der er für mich ist, es nun mal macht.

Ich war 17 Jahre alt und bereits psychisch zerrissen. Die ganze Zeit über, ein Jahr und neun Monate lang, hatte ich geglaubt, Mathieu würde mich genauso lieben, wie ich ihn liebte. Vielleicht tat er das. Aber trotzdem hatte er mich immer wieder betrogen.

Nach dieser Erfahrung war mein Selbstwertgefühl zerstört. Ich dachte, ich sei nicht attraktiv. Etwas musste an mir nicht stimmen, schließlich war ich ihm nicht genug gewesen, es musste an mir liegen!

Es folgte eine wilde Phase; man könnte auch sagen, eine von außen betrachtet billige Phase. Niemand konnte verstehen, was in meinem Inneren vorging. Ich war gekränkt und hatte keinen Funken Selbstwertgefühl mehr. Ich wollte es mir zurückholen und natürlich dachte ich mit meinen 17 Jährchen, dass mir dies durch die Bestätigung von anderen Typen gelingen würde. Ich schnappte mir das nächste Trostpflaster. Und ein weiteres. Und noch eines. Ich weiß nicht mehr, mit wie vielen Typen ich rumgeknutscht und geschlafen habe. Ich wollte nichts Ernstes, schließlich war ich noch nicht bereit für eine Beziehung. Ich brauchte nur die Bestätigung, dass ich attraktiv war.

Bis schließlich der Nächste kam. Kim, einer der schönsten Männer, den ich bis heute gesehen habe. Kim war halb Spanier, groß, hatte dunkles, dichtes Haar, leichten Bartwuchs und dunkle Augen. Baggy-Klamotten waren Fehlanzeige – ja, auch ich entwickelte mich weiter, was meinen Männergeschmack betraf –, er war sehr gut gekleidet. Er war auf dem Gymnasium und wollte demnächst studieren.

Kim und ich verabredeten uns im Februar 2011 auf einen Drink. Er holte mich mit dem Auto ab und hatte eine Rose dabei, schließlich war Valentinstag. Er fuhr mich nach einem schönen Abend in einer Bar in Luzern, wie es sich gehörte, wieder nach Hause und wir küssten uns zum Abschied. Kurz darauf trafen wir uns wieder und wurden ein Paar.

Vor allem mein Vater war von Kim begeistert. Endlich ein anständiger Typ, mit dem er auch ein Glas Rotwein trinken und sich über Politik unterhalten konnte. Ich war froh, dass ich meinen Vater stolz machen konnte.

Die Beziehung zu Kim hielt leider nur wenige Wochen. Er verließ mich, weil er wieder zu seiner Ex zurückgehen wollte. Sie modelte ebenso wie ich zu der Zeit. Ich wusste genau, wer sie war, eine wunderschöne und tolle Frau, und das ist sie noch heute. Ich halte sehr viel von ihr und wir haben uns Jahre später in L.A. angefreundet. Sie ist cool. Aber damals dachte ich nichts anderes als: Sie ist schöner, besser und toller als ich es jemals sein kann, denn Kim hat mich für sie verlassen.

Erneut spürte ich Selbstzweifel in mir und hatte das Gefühl, nicht zu genügen, wie ich war. Leider war das nicht das letzte Mal in meinem Leben, dass ich dieses Gefühl in mir spürte.

Nur wenige Wochen danach lernte ich Francesco kennen. Auch hier ein ähnliches Szenario. Wir dateten fast zwei Monate lang, bis ich herausfand, dass er zeitgleich mit einer anderen was am Laufen hatte. Zum Glück hatte ich mich ihm gegenüber aus Schutz nie wirklich geöffnet. Es ging alles so schnell, ich konnte mir kaum irgendetwas erträumen, da kam schon raus, dass er eine Art Doppelleben führte.

Ich war erneut enttäuscht, aber der Schmerz um ihn blieb nicht lange, denn ich hatte meine Ausbildung als Friseurin beendet und es folgte mein Sprachaufenthalt in Santa Barbara. An meiner Schule in Santa Barbara war dieser Typ. Er war nicht sonderlich groß, sondern kleiner als ich. Dunkles Haar, dunkle Augen – ein hübscher Franzose, ebenfalls dort, um Englisch zu lernen. Sein Name war Jérémy.

Jérémy und ich waren während des ganzen Amerika-Aufenthalts ein Paar. Ich reiste früher als er zurück nach Hause, daher führten wir danach eine Fernbeziehung mit fast täglichem Kontakt. Jérémy war ein typischer Franzose, wie man ihn sich vorstellt. Ein richtiger Romantiker, der alles für sein Mädchen machte. Alles! Aber genauso typisch französisch, wie er war, so eifersüchtig konnte er auch sein, auch wenn es gar keinen Grund gab. Schlussendlich zerstörte seine schrecklich ungesunde Eifersucht die Beziehung, denn ich war so genervt davon, dass ich mich irgendwann gegen die ständige Kontrolle entschied und in einen anderen Mann verliebte.

## Und dann kam Remo

Es war die Zeit, in der ich Fitness für mich entdeckte. Regelmäßig ging ich zu einem Gruppentraining und da geschah es: Ich fand Gefallen am Fitnesstrainer. Sein Name war Remo, er war zwar neun Jahre älter als ich, aber genau mein Typ. So viel mehr als nur mein Typ. Ich verliebte mich über beide Ohren in diesen wahnsinnig gutaussehenden, unglaublich coolen, supersympathischen Sonnyboy.

Was sollte ich nun tun? Ich hatte einen Freund und war in einen anderen verliebt, was nicht meine Art ist. Normalerweise bin ich die treuste Seele, die es gibt. Wenn ich zu jemandem Ja sage, dann meine ich das auch so und wechsle nicht so schnell meine Meinung. Aber plötzlich hatte ich nur noch Augen für den Fitnesstrainer und ich suchte seine Beachtung. Ich setzte alle seine Tipps perfekt um und hatte dank ihm richtig guten Erfolg, was meine Transformation anging.

Zwischen Remo und mir wurde es ernst, also verließ ich, bevor wir irgendetwas miteinander hatten, Jérémy via Skype. Zusätzlich schrieb ich ihm einen sechsseitigen Abschiedsbrief, den ich vor dem Absenden meinem Vater vorlas, um sicherzustellen, dass ich das Richtige tat. Mein Vater konnte mich verstehen und gab mir den Rat, meinem Herzen zu folgen.

Nun begann die Remo-Geschichte. Eine Zeit, für die ich unendlich dankbar bin und die ich nicht missen möchte, auch wenn es damals eine riesengroße Tragödie für mich war. Über diese Geschichte allein könnte ich wohl ein ganzes Buch schreiben. Ich beschränke mich aufs Wesentliche, was mir mittlerweile, Jahre später, nachdem ich diesen wahnsinnigen Herzschmerz verarbeitet habe, nicht mehr so schwerfällt. Die Wunde ist verheilt, die Narbe prägt mich und trotzdem – oder vielleicht genau deswegen – wird Remo für immer einer der bedeutendsten Menschen in meinem Leben bleiben.

Rückblickend kann ich sagen, dass ich diesen neun Jahre älteren Mann regelrecht anhimmelte. Ich hätte alles gemacht, was er mir riet, und alles akzeptiert, was er anstellte. Das habe ich auch. Verglichen mit allen Beziehungen und Liebeleien, die ich bis zu jenem Zeitpunkt – 2012 – erlebt hatte, war meine Liebe zu Remo die absolut stärkste, die ich bisher gefühlt hatte. Er hatte mich sehr gerne, mehr als das, das weiß ich, aber trotzdem war die Liebe einseitig.

Eigentlich wusste ich, dass Remo ein »Free-Spirit« war, der sich nicht binden wollte beziehungsweise konnte. Er war ein herzensguter Mensch und meinte es gut mit mir. Aber dieser Mann hat in seinem Leben mindestens genauso viele, wenn nicht noch mehr negative Erfahrungen mit Frauen gemacht wie ich mit Männern. Es hatte schon seine Gründe, warum er mir gegenüber so war, wie er war.

Die ersten drei Monate zwischen uns waren noch frei von Sorgen. Wir hatten viele Parallelen, die uns verbanden. Remo philosophierte und erzählte viel, genau wie ich. Jedoch war ich damals zu jung, um zu verstehen, was er eigentlich meinte. Seine Worte schienen geprägt von unglaublich schmerzhaften Erfahrungen mit der Liebe.

Er erzählte mir oberflächlich von einer gescheiterten Liebe, die er bis dato nicht hatte vergessen können. Ich erinnere mich noch genau, wie ich ratlos vor ihm saß und ihm nicht wirklich folgen konnte. Er redete für mich damals wirre Sachen, wie zum Beispiel, dass unser heutiges Beziehungssystem nicht mehr so wie früher funktionierte. Man sollte bereit sein, etwas Neues, Lockeres und nicht so Tiefes einzugehen, sodass man nicht verletzt werden konnte.

Was redete er denn da? Wir konnten doch einfach verliebt sein. Ich war ja da. Und ich war bereit, alles für ihn zu machen. Er musste keine Angst haben. Hatte er Angst? Oder wollte er mich einfach nicht? War ich nicht gut genug? Natürlich kamen die Gedanken des »Nicht-gut-genug-Seins« einmal mehr in mir hoch.

Irgendwann wollte Remo bei einem Abendessen mit mir reden. Endlich begann er, sich zu öffnen. Wir hatten zwar immer sehr tiefgründige und besondere Gespräche, aber dieses war anders. Er erzählte mir erstmals mehr von seiner gescheiterten Beziehung, die ihn zerstört hatte. Eine Amerikanerin, von der er nie losgekommen war. Er konnte nicht aufhören, an diese Frau zu denken. Er sei nicht offen für etwas Festes mit einer neuen Frau.

Ich war einerseits zutiefst verletzt zu erfahren, dass er eigentlich noch immer Gefühle für eine andere hatte. Eine andere, an die ich wohl niemals rankommen würde. Gleichzeitig aber tröstete ich ihn, denn ich sah seinen Schmerz. Er wollte mir nicht wehtun. Er mochte mich wirklich, aber er konnte, völlig unabhängig von mir, diese andere Frau und den damit verbundenen Schmerz einfach nicht vergessen.

Ob es wohl schlau gewesen war, Jérémy, der mich trotz Eifersucht über alles geliebt hatte, zu verlassen? Es war, wie es war. Ich war meinem Herzen gefolgt und es hatte mich nun mal so geführt. Gott sei Dank hat es das, denn Remo hat mich aufs Leben vorbereitet und stark gemacht!

Remo und ich trennten uns, wenn man überhaupt von einer Trennung reden kann, denn seiner Ansicht nach war es ja nicht einmal eine Beziehung gewesen. Wir hatten eine Weile noch etwas Offenes, was mir das Loskommen von ihm umso schwerer machte. Der Gedanke »Wenn ich ihn nicht ganz haben kann, dann immerhin ein wenig« war stärker als meine Vernunft. Das war der Anfang meiner Selbstzerstörung.

Remo machte mir schließlich klar, dass ich von ihm loskommen musste. Er könne nicht weiter zusehen, wie er mich zerstörte. Ich sei viel zu wertvoll. Er könne mir nicht geben, was ich verdiene. Diese Worte kamen mir bereits von einigen Ex-Freunden bekannt vor und ich werde sie wohl noch von weiteren Männern in Zukunft zu hören bekommen …

# Mein Tipp für dich

Jede Beziehung und jede Trennung ist anders. Generell aber rate ich dir, wenn du in einer ähnlichen Situation bist, wie ich es war, Folgendes:

- Wenn du fest mit jemandem zusammen warst und es zu einer Trennung kommt, belasse es bei einer klaren Trennung. Damit meine ich nicht, dass ihr den Kontakt komplett einstellen müsst, auch wenn in den meisten Fällen eine vorübergehende Kontaktsperre das Beste ist. Aber ich rate dir, dich nicht auf »einfach nur Sex mit dem Ex« einzulassen, wenn du die Person bist, die noch immer starke Gefühle hat. Es mag im ersten Moment verlockend sein und einfacher wirken, den Ex-Partner immerhin noch ein bisschen bei sich haben zu können, aber du tust dir keinen Gefallen und zerstörst dich auf Dauer selbst. Du wirst dadurch die Beziehung nicht retten können.

- Habe Respekt vor dir! Lass nicht zu, dass du dich selbst so unterordnest. Du hast mehr verdient! Definitiv!

- Stelle dich dem Schmerz. Er ist vorübergehend.

- Wenn dein Ex-Partner einen Funken Anstand besitzt, wird er das Beste für dich wollen, was eine klare Trennung ist, sofern man sich gegenseitig dazu entschieden hat.

- Wenn es mit euch wieder funktionieren sollte, dann wird dies nur mit einer neuen Energie klappen. Vergiss nicht, die Trennung hatte einen Grund. Ihr könnt nicht da weitermachen, wo ihr aufgehört habt, denn es wird nicht lange dauern, bis dasselbe wohl wieder passiert.

- Akzeptiere die Trennung. Übergib das Schicksal dem Universum. Nutze die Zeit allein, um mehr über dich selbst zu lernen. Vielleicht findet ihr irgendwann wieder einen neuen Weg. Vielleicht aber auch nicht. Es steht nicht in deiner Macht, das zu entscheiden. Lass los und habe Vertrauen.

Das von ihm Loskommen dauerte lange. Anderthalb Jahre verging kein Tag, ohne dass ich seinetwegen traurig war. Anderthalb Jahre stalkte ich ihn täglich via Facebook, starrte stundenlang auf sein WhatsApp-Fenster, in der Hoffnung, dass er schrieb, machte tagelang blau und lag deprimiert im Bett, mit dem Rollladen unten. Ich ließ in dieser Zeit niemand anderen an mich heran, weder körperlich noch sonst irgendwie. Gar nichts.

## Gescheiterte Beziehungen verarbeiten

Ich holte mir Hilfe in einer Therapie bei einer Naturheilpraktikerin. Es war dieselbe, die später auch meine Anabolikasucht behandeln sollte, nur wusste ich das damals noch nicht. Heute weiß ich, dass die Anabolikasucht mit meinen Selbstzweifeln, die unter anderem durch gescheiterte Liebesbeziehungen entstanden, in einem sehr engen Zusammenhang stand.

Aber nun ging es um die Verarbeitung all dieser gescheiterten Beziehungen. Ich kam nicht von Remo los. Sehr, sehr lange. Ich vergaß vor lauter Trauer beinahe mein ganzes Leben und war nicht mehr ich selbst.

Viele Stunden saß ich auf der Couch meiner Therapeutin und wir arbeiteten gemeinsam alles auf, begonnen bei meiner Kindheit. All die Stunden voller intensiver, vertrauter Gespräche mit einer außenstehenden Person in Kombination mit Kinesiologie halfen mir, mich besser zu fühlen. In erster Linie behandelte sie mich kinesiologisch und konnte mir vor allem mit stundenlangen Gesprächen helfen. Ich konnte mich bei ihr regelrecht ausheulen und sie schaffte es immer wieder, mir gut zuzureden.

### Die Familienaufstellung

Was mich regelrecht einen ganzen Meilenstein weiterbrachte, war eine sogenannte Familienaufstellung, die sie anbot. Diese Behandlungsmethode findet in der Gruppe statt. Mit wildfremden Leuten. Es mag vielleicht schwierig sein, sich das vorzustellen, deswegen möchte ich es kurz erklären, da es vielleicht auch dir weiterhelfen kann.

Bei einer Familienaufstellung werden fremde Personen stellvertretend für Familienmitglieder – oder auch Freunde – konstellativ angeordnet, um daraus gewisse Muster innerhalb des Familiensystems erkennen zu können. Es handelt sich bei der Aufstellung nicht um Rollenspiele. Man kann sich eine Familienaufstellung wie einen kleinen Workshop vorstellen, an dem man mit zehn bis 20 anderen Personen teilnimmt. Jeder kann sein Anliegen in der Gruppe behandeln. Geleitet wird das Ganze von einer Fachperson. Wenn du an der Reihe bist, erzählst du der Gruppe und der Fachperson von deinem Leiden. Das können alle möglichen Dinge sein. Schließlich wählst du für jedes Familienmitglied, jeden Freund oder Bekannten eine fremde Person aus der Runde, die beim Aufstellungsbild die dir vertraute Person vertreten wird.

Nun hast du die Möglichkeit, vor diesen Personen zu stehen und ihnen alles mitzuteilen, was dir auf dem Herzen liegt und was du vielleicht nie sagen konntest. Auch wenn du nicht zu der eigentlichen Person sprichst, sondern nur zu jemandem, von dem du dir vorstellst, er wäre die dir vertraute Person, kann sich dadurch Angestautes in dir lösen. Zudem können Dinge in dir hochkommen, die dir bisher unklar waren und bei deiner Verarbeitung helfen.

## Mein Tipp für dich

Hast du mit Liebeskummer zu kämpfen? Denkst du, dass er wohl einfach zum Leben dazugehört und du damit selbst fertig werden musst?

Ja, er gehört zum Leben dazu. Liebeskummer ist einer der schlimmsten Schmerzen überhaupt, aber trotzdem möchte ich keinen Liebeskummer, den ich mal hatte, missen. Denn das Wachstum daraus macht dich unglaublich stark!

Aber sich Hilfe zu holen, ist eine Stärke. Ich persönlich rate dir, wenn du allein nicht weiterkommst, eine außenstehende Person aufzusuchen. Ich wollte nicht zu einem klassischen Psychiater, denn bei dem Gedanken an ein Gespräch wie »Wobei kann ich Ihnen helfen, Frau Zeidler?« »Bei Liebeskummer, Dr. XY« kam ich mir doof vor. Ich dachte, ich würde wertvolle Sitzungen für eine andere Person mit einem ernsthafteren Problem blockieren.

Aber genau das ist die falsche Denkweise. Hole dir ungeniert Hilfe, wenn du nicht weiterweißt. Ich entschied mich schlussendlich für die Hilfe einer Naturheilpraktikerin, da mir das persönlich mehr zusagte.

Ich musste damals Personen für jeden meiner Ex-Freunde auswählen. Die Therapeutin stellte mich vor jeden Einzelnen hin und wir warteten gespannt, was ich ihnen zu sagen hatte. Ich kann nicht genau beschreiben, wieso, aber es fühlte sich für mich erlösend und echt an.

Als ich meine ersten Ex-Freunde durch hatte, wurde ich schließlich vor Remo gestellt. Wir fanden gemeinsam heraus, dass es nicht direkt Remo als Mensch war, den ich so vermisste, sondern das, woran er mich erinnerte. Es stellte sich heraus, dass Remo mich an mein eigentliches Ich erinnerte, an mein inneres Kind. Er erinnerte mich an die Leichtigkeit und die Fröhlichkeit, die ich auf meinem Lebensweg verloren hatte.

Mein Hauptproblem war also nicht, dass ich Remo verloren hatte, sondern dass ich das nicht mehr hatte, was er in mir hervorgerufen hatte: meine eigene Zufriedenheit!

Das mag sich etwas schräg anhören und man hätte auch ohne den Aufwand einer Familienaufstellung darauf kommen können. Vielleicht. Aber ich musste es selbst in dieser Art von Therapie erleben und realisieren. Mich hat die Familienaufstellung extrem weitergebracht, denn ich wusste von nun an, wo ich anzupacken hatte. Bei der Zufriedenheit mit mir selbst – nicht bei Remo!

Komplett vergessen konnte und werde ich Remo nie, aber der Schmerz wurde danach überraschend schnell weniger. Ich habe keinen Kontakt mehr zu Remo, aber ich weiß, dass wir immer nur einen Anruf voneinander entfernt sind, wenn wir uns brauchen sollten. Noch heute existiert diese unbeschreibliche Seelenverbindung zwischen uns, die uns nie jemand nehmen kann. Ich verdanke Remo extrem viel, denn ohne diesen Menschen hätte ich niemals gelernt, was es heißt zu leiden und dadurch zu realisieren, dass ich lebe! Einige würden sagen, er zerstörte mich, andere – so wie ich auch – sagen, er gehört zu meiner Entwicklung und es wäre äußerst schade, wenn er nicht gewesen wäre!

## Meine Zeit mit Mischa

Erst von dem Tag an, als ich im Juni 2014 Mischa begegnete, konnte ich die ständigen Gedanken um Remo aus meinem Kopf verbannen. An diesem Tag lernte ich, dass ich mich wieder auf andere Männer einlassen konnte, woran ich lange gezweifelt hatte.

Mischa und ich waren nur kurz zusammen, knapp vier Monate. Trotzdem ist er die Erwähnung in meiner Geschichte wert, denn auch er hat viel verändert, im positiven wie auch im negativen Sinne. Wir lernten uns in Los Angeles im GOLD'S GYM kennen, ich hatte mir wenige Tage vorher erst meine Brüste vergrößern lassen. Mischa wirkte auf mich sehr selbstbewusst und teilte dieselbe Leidenschaft wie ich: Fitness und Amerika. Wir verstanden uns auf Anhieb. Ich erinnere mich, wie er zu seinem Geschäftspartner sagte: »Hey, sie ist wie ich, einfach in weiblich. Eine Hustlerin!«

Wir begannen, gemeinsam viel Geschäftliches zu planen – ohne ihn wäre ich vermutlich nicht tiefer in die Social-Media-Welt eingestiegen –, aber hier soll es um die Liebe gehen, die in irgendeiner Form kurz darauf zwischen uns entstand. Ich weiß, er wird mir nicht böse sein, das zu lesen, denn ich bin sicher, er würde es ähnlich beschreiben: Es war keine tiefe Liebe, aber das war okay.

Ich erlebte mit Mischa zwar viel Tolles und Schönes, aber wenn ich mit ihm allein war, konnte ich nicht wirklich ich selbst sein. Irgendwie hatte ich immer das Gefühl, ich müsste mich verstellen und von meiner besten Seite zeigen, um zu genügen. Das war nicht seine Schuld. Dieser Gedanke entstand allein in meinem Kopf, ich machte mir selbst Druck. Druck, ihm zu genügen, denn er war extrem erfolgreich für sein junges Alter. Ich hatte das Gefühl, ich müsste ihm das Wasser reichen können (obwohl ich das eigentlich bereits tat). Vermutlich war ich einfach zu sehr von meinen gescheiterten Beziehungen und dem Gefühl, nicht genug zu sein, geprägt.

Manchmal kommt es mir vor, als wäre die Beziehung zwischen Mischa und mir ein gegenseitiges Beweisen gewesen. Es war anstrengend. Und keine Beziehung sollte anstrengend sein! Ich erinnere mich nicht, dass ich mich bei Mischa jemals fallen lassen und wirklich entspannen konnte. Nie. Wenn ich zu Mischa fuhr, überlegte ich mir nicht nur, was ich anziehen sollte, sondern aß die Tage davor weniger.

*Mit Mischa im Fitnessstudio*

Ich wollte *lean* sein, wenn er mich sah, denn er musterte mich oft, während er mir beispielsweise an die Schultern fasste, und sagte: »Hmm, der hintere Deltoideus ist bei dir sehr schwach, den musst du besser trainieren. Ich zeige dir morgen eine Übung.« Er meinte das bestimmt nicht abschätzend, aber solche Sätze prägten mich, da mein Selbstwertgefühl sowieso sehr labil war, auch wenn ich das nie zugegeben hätte.

Ich schluckte sogar Entwässerungspillen, bevor ich zu ihm fuhr. Wenn er davon gewusst hätte, hätte er das niemals zugelassen! Ich hielt strenge Diäten, von denen er nichts wusste. Vor ihm aß ich normal. Wenn ich allein war, erbrach ich oft das Gegessene wieder und fastete einen Tag lang.

Vielleicht hätte ich damals offener und ehrlicher sein müssen. Aber das musste ich erst noch lernen. Ich war noch nicht so weit herangereift. Ich veränderte mich zu dieser Zeit immer stärker ins Negative, pumpte immer mehr Anabolika in mich rein, da ich das Gefühl hatte, nicht gut genug zu sein. An dieser Stelle möchte ich kurz einfügen, dass ich Mischa nicht ein einziges Mal in Verbindung mit Anabolika erlebt habe, obwohl er diesen Vorwurf oft bekam.

Eines Abends war ich bei Mischa. Wir hatten einen Joint geraucht, was wir selten taten, und waren gemeinsam high. »Hey, lass uns den Abend genießen und zwei Pizzas bestellen, wenn der High-Hunger kommt«, schlug ich vor. Einfach mal entspannen und mal keine Kalorien zählen. »Spinnst du?! Mir kommt keine Pizza ins Haus! Ich mache mir jetzt noch 500 Gramm Kartoffeln, damit ich meine exakte Kohlenhydratzufuhr für heute erreicht habe.«

Ich war unglücklich und ein für mich einst sehr bedeutender Mann streifte durch meine Gedanken: Remo. Mit Remo hatte ich immer viel gelacht, es war entspannt gewesen und mit Remo hätte ich sogar vier Pizzas bestellen können. Wir konnten unsere Fitnessziele auch mal für einen kurzen Moment hintanstellen und leben. Gelebt hatte ich nun schon lange nicht mehr. Mein ganzes Leben war mittlerweile berechnet und kalkuliert.

Als Remo mich zum Cheatday einlud, sagte ich zu, obwohl ich noch mit Mischa zusammen war. Zwischen Remo und mir war zu der Zeit schon länger Schluss und ich war der festen Überzeugung, ich hätte das verarbeitet. Bestimmt könnte ich vor Remo stehen, ohne dass alte Emotionen in mir hochkommen würden. Pizza essen. Wieso sollte ich ablehnen? Es würde ja nichts laufen. Unsere Trennung war mehr als ein Jahr her. Ich war darüber hinweg und freute mich einfach nur, einen alten Freund zu sehen. Wir vereinbarten ein Datum drei Wochen später. In diesen drei Wochen verschlechterte sich Mischas und meine Beziehung drastisch. Ich hatte immer mehr Bedenken vor dem Treffen mit Remo, denn ich spürte bereits, dass ich mich von Mischa einen großen Schritt abgewandt hatte und er auch von mir.

Der besagte Abend stand an. Remo und ich lachten im Restaurant viel. Ohne Hintergedanken, jedenfalls von meiner Seite aus. Ich konnte ihm von den Mischa-Problemen erzählen. Er lachte nur und meinte, dass Mischa nicht der Richtige für mich sei, ich aber noch herausfinden würde, was am besten für mich sei. Eine typische Remo-Aussage. Sie gefiel mir.

Wir fuhren zu Remo nach Hause und ich war noch immer davon überzeugt, dass ich total über ihn hinweg war und niemals schwach werden würde. Ich hatte einen so entspannten Abend wie schon lange nicht mehr. Eigentlich wollte ich längst nach Hause gehen. Aber ich fühlte mich wohl und Mischa hatte sich sowieso nicht gemeldet; ich glaube, es kümmerte ihn nicht wirklich, wo ich war.

Irgendwann rückte Remo näher zu mir und sah mir tief in die Augen. Er wollte mich. Und was wollte ich? Ich überlegte kurz:

- *Option 1: Ich verabschiede mich jetzt sofort, bedanke mich für den entspann-ten Abend wie in alten Zeiten und gehe nach Hause.*

- *Option 2: Ich höre auf mein Herz, schließe meine Augen und lasse mich fallen. Ich lasse meinen Emotionen freien Lauf und lasse mich auf das ein, was ich so lange vermisst habe. Ich bin zwar längst über Remo hinweg, aber ich habe viel zu lange gelitten, ihn unendlich vermisst. Wie schön es doch wäre, ihn noch ein einziges Mal für mich haben zu können, was ich so lange nicht konnte.*

Ich entschied mich nach kurzer Überlegung für die zweite Option und verbrachte die Nacht bei Remo. Am nächsten Tag war ich vor ihm wach. Ich stand leise auf und haute – wie schon oft in meinem Leben – einfach ab. Diesmal aber mit einem guten Gefühl. Ich stieg ins Auto, drehte die Musik laut auf und mir liefen die Tränen nur so runter. Gleichzeitig aber lächelte ich. Diesen Abend hatte ich gebraucht! Er tat mir unendlich gut. Ich bereute ihn in keiner Weise und hatte kein schlechtes Gewissen gegenüber Mischa. Bis heute nicht. Ich habe den Moment gelebt und Mischa nicht mit irgendjemandem aus Spaß betrogen. Remo war in dem Moment für mich da gewesen, wo ich eine Erinnerung an mein früheres Ich gebraucht hatte. Mein früheres Ich, ohne Anabolika, ohne strenges Kalorienzählen, ohne Berechnen. Mein früheres Ich, das auch Remo kannte, denn zu Remo-Zeiten war ich noch natürlich, ohne Anabolika und ohne Brustimplantate gewesen. Ich war einfach ich gewesen.

Ich sehnte mich damals schon nach der freien, unbeschwerten Anja, die ich irgendwo im Nirgendwo verloren hatte. Ich vermisste mich! Aber ich war noch nicht stark genug, den Gedanken laut auszusprechen und mir einzugestehen, dass ich so viele Fehler gemacht hatte.

Dieser Abend mit Remo brachte mich zum ersten Mal auf den Gedanken, alles, was mit Steroiden und Bodybuilding zu tun hatte, hinzuschmeißen. Es war noch zu früh, ich war noch nicht stark genug, aber der Moment sollte kommen. Remo war der Trigger.

Nur wenige Tage darauf trennte sich Mischa von mir. Es hatte nichts mit Remo zu tun, denn davon weiß er bis heute nichts. Wir arbeiteten noch eine Weile zusammen, bis sich auch diese Wege trennten.

## Die große Liebe

Danach war ich für längere Zeit Single. Unglücklicher Single, denn ich hatte Angst, mich auf etwas Neues einzulassen. Zudem hatte ich damals noch nicht herausgefunden, wie man auch mit sich selbst glücklich sein kann. Das Jahr 2015 war für mich in so ziemlich jedem Bereich voller Unzufriedenheit. Ich hatte keinen Antrieb mehr. Ich verbrachte meine Zeit lieber mit einer neu gefundenen Freundin aus der Bodybuildingszene, Andrea. Der eine oder andere Leser mag sie aus einigen Skandal-Schlagzeilen aus der Schweizer Presse kennen. Wir beide waren zu diesem Zeitpunkt unmöglich, schräg und ziemlich geisteskrank. Aber wir hatten einander und waren gemeinsam glücklich. Auf welcher Ebene? Andrea und ich hatten eine spezielle Bindung. Es war mehr als Freundschaft, aber ich würde uns nicht als lesbisches Paar bezeichnen, denn so war es nicht. Nicht in diesem Fall. Ich habe zwar schon sexuelle Erfahrungen mit Frauen gemacht – ja, ich fühle mich teilweise auch zu Frauen hingezogen –, nicht aber mit Andrea. Das war eine andere Art von Liebe. Rückblickend weiß ich, dass wir uns unbewusst von unserer Unzufriedenheit ablenkten, die uns verband. Mamma mia, wir haben viel ausgefressen zusammen!

Einige Zeit später, im Juni 2016, kam der Abend, der mein Leben veränderte und mich von meiner Unzufriedenheit erlöste. Ich war mit einem befreundeten Musiker und einigen anderen Leuten unterwegs und lernte einen neuen Mann kennen. Die Rede kann nur von einem sein. Wenn ich an diesen Abend zurückdenke, weiß ich noch genau, wie es sich angefühlt hat, ihm in die Augen zu blicken. Ich verdanke ihm unfassbar viel. Er ist bis zum heutigen Tag – und so schnell wird sich das nicht ändern – einer der bedeutendsten Menschen in meinem Leben. Er war das Tüpfelchen auf dem i, das noch gefehlt hatte, damit ich endlich den Schritt zurück zu mir selbst wagte und meine Maske ablegte. Meine Maske aus allem Möglichen, was mein eigentliches Naturell überdeckte.

Doch zurück zu jenem Abend. Ich traf ihn im Backstagebereich des angesagten ROK-Clubs, der nur für VIPs und Anhang zugänglich ist. Mimiks, der bekannteste Rapper aus Luzern. Ich würde sogar behaupten, einer der absolut besten der Schweiz, aber das hört er nicht gerne, denn er ist sehr selbstkritisch. Wir kannten uns bis dahin nur aus den Schlagzeilen und trafen uns an diesem Abend zum ersten Mal persönlich. Wir wussten nichts voneinander, außer das, was in der Presse geschrieben wurde.

Ich lief ihm praktisch in die Arme und unsere Blicke trafen sich. »Hey!«, sprach ich ihn an. »Anja! Ich muss mich noch bei dir entschuldigen«, meinte er. Eine Weile zuvor hatte er meinen Namen in einem seiner Texte erwähnt. Nicht gerade im positiven Sinne, aber ich fand es trotzdem witzig und fühlte mich fast ein bisschen geehrt, im Text eines Rappers erwähnt zu werden. Ich hatte ihm daraufhin via Facebook eine Nachricht geschrieben und mich für die PR bedankt.

Wir gingen an die Bar und verbrachten einen tollen Abend. Ich, die eigentlich nicht viel Alkohol trank zu dieser Zeit, schaute an jenem Abend seit Langem mal wieder etwas tiefer ins Glas. Vielleicht lag es am Alkohol, dass ich mich nicht mehr genau daran erinnern kann, wie es dazu kam, dass ich ihm meine Nummer gab. Ich zückte ganz altmodisch eine Serviette und schrieb sie darauf, steckte sie ihm in die Hosentasche und flüsterte ihm zu: »Ned verlüüre!« (»Nicht verlieren.«) Wenn ich mit einem Auge zwinkern könnte, hätte ich es getan. Aber ich kann es nicht. Und in diesem alkoholisierten Zustand wäre es keine gute Idee gewesen, es zu üben.

Irgendwann landeten wir hinter dem DJ-Pult. Schließlich fasste er um meine Hüfte, wir schauten uns tief in die Augen und begannen, wild drauflos zu knutschen. Fuck, war das heiß! Der Fakt, dass wir von den Leuten im Club beobachtet wurden, machte es irgendwie noch heißer – bis wir schließlich aus dem Club geschmissen wurden. Kein Witz!

Wir lachten uns kaputt und zogen uns in eine Tiefgarage nahe des Clubs zurück. Uns interessierte in dem Moment nichts anderes als uns beide. Wir saßen mehrere Stunden in dieser Garage und unterhielten uns intensiv. Mir ging es zu dieser Zeit meines Lebens eigentlich relativ beschissen. Ich saß vor ihm, überschminkt, mit meinen überlangen, künstlichen Fingernägeln, meinen dunklen Extensions bis zum Po, meinen viel zu großen Brustimplantaten und meinen schräg aufgespritzten Lippen. Rückblickend weiß ich, dass ich mich einfach unsicher fühlte und versuchte, etwas zu überdecken. Nicht einfach etwas, sondern mein eigentliches Ich. Aber Mimiks konnte irgendwie durch all das hindurchsehen.

Niemals im Leben hätten wir beide wohl gedacht, dass wir uns so gut verstehen würden, denn er war alles andere als mein Typ. Und ich alles andere als seiner. Zudem war keiner von uns auf der Suche nach einer ernsthaften Beziehung, er hatte sich erst wenige Monate davor von seiner Freundin getrennt und ich hatte bereits einen weiteren Flug nach Los Angeles gebucht. Im August wollte ich wieder nach L.A. fliegen und bis Ende 2016 dort bleiben.

Nach dieser Nacht im Club und der Tiefgarage gingen wir morgens um sieben Uhr noch einen Kaffee trinken und trennten uns dann. Zu Hause wachte ich irgendwann kurz nach Mittag auf und schaute auf mein Handy. »WhatsApp von Angel«, leuchtete auf meinem Screen auf. Angel? Wer sollte denn das sein? Ich öffnete das Chatfenster und realisierte, dass es Mimiks war, der meine Serviette vom Vorabend mit der Nummer wohl gut aufbewahrt hatte. Wie eingebildet ist denn dieser Typ, bitte? Der nennt sich ernsthaft Angel auf WhatsApp? Ein Engel oder was? Oje … Was habe ich mir da nur wieder angelacht?

Wir unterhielten uns eine Weile über WhatsApp, bis ich schließlich eine ernsthafte Frage stellte. Wieder via Sprachnotiz: »Du, ez hemmer die ganz Nacht zäme saublöd do ond ech frog mech grad, öb du mer jemols öberhaupt dine rechtig Name xeid hesch?« (»Jetzt haben wir uns die ganze Nacht unmöglich benommen und ich frage mich gerade, ob du mir jemals deinen Namen verraten hast?«) Es kam sofort eine Sprachnotiz zurück: »Steht doch hier: Angel. So heiße ich.« Zum Glück hatte er es via Sprachnotiz mittgeteilt und nicht via Text, denn nur so konnte ich hören, dass er es spanisch aussprach: ANCHEL, hieß er, und nicht Äiin*tschell*. Er offenbarte mir, dass er halb Spanier war, was ihn gleich noch einmal heißer für mich machte.

Ab diesem Moment hatte ich täglich zu Angel Kontakt, aber ich wollte auf keinen Fall irgendetwas Ernstes. Schließlich würde ich bald zurück nach Los Angeles fliegen. Trotzdem war der Kontakt mit ihm anders als der mit allen anderen Typen davor. Ich merkte sofort, dass dieser Mann etwas Besonderes war.

Unser nächstes Treffen fand erst zwei Wochen später statt. Wir hatten uns in einer Bar verabredet, blieben dort aber nicht lange, denn der Fall war klar. Dieses Mal ging ich mit zu ihm nach Hause … Und es war nur die erste von vielen weiteren Nächten.

Wir waren verliebt, beschlossen aber, das Ganze entspannt anzugehen und zu nehmen, wie es kam. Und natürlich wurde es ernst. Der Abflug nach Los Ange-

*Ich im Sommer 2016: Extensions, Wimpern, aufgespritzte Lippen, Brustimplantate und künstliche Fingernägel*

les rückte immer näher und ich verteufelte den Tag, an dem ich diesen Flug gebucht hatte. Was wollte ich denn da? Ich wusste doch ganz genau, dass Hollywood nicht das Richtige für mich war. Ich musste endlich von dieser Scheinwelt loslassen. Ich musste endlich ehrlich zu mir selbst sein und einsehen, dass mir all das L.A.-Zeug nicht guttat! Es verfälschte mich! Es brachte mich von meinem eigentlichen Ich ab!

Ich war zutiefst traurig. Wieso musste ich genau jetzt, wo alles so schön war, gehen? Jetzt, wo all das, wonach ich mich so lange gesehnt hatte, einfach völlig ungeplant passiert war? Ich hatte doch alle Hoffnung auf die Liebe schon aufgegeben gehabt und jetzt war da dieser Wahnsinnsmann, der es schaffte, mein inneres Ich in mir hervorzuholen, und mich ermutigte, einfach nur ich selbst zu sein. Ich wollte nicht gehen!

Zugleich aber kam Angst in mir hoch: Was, wenn ich mich ein weiteres Mal in einem Mann täuschte? Ich erzählte Angel von meinen Bedenken und er verstand sie absolut. »Gib deine Träume niemals wegen irgendeiner Person auf«, meinte er. Er ließ mich gehen, auch wenn ich weiß, dass er das ungern tat.

Mit der größten Demotivation überhaupt reiste ich also ein weiteres Mal nach Los Angeles. Ich beruhigte mich mit dem Gedanken, dass ich jederzeit zurückkommen konnte, was ich auch tat. Aus den geplanten fünf Monaten wurden nur knapp drei Wochen, bevor ich zu Angel in die Schweiz zurückkehrte. Ich erinnere mich an einige Partynächte in L.A., gemeinsame Essen mit »Freunden«, Strandtage, ganz egal was – alle hatten Spaß, nur ich nicht. Ich konnte an nichts anderes denken als an Angel. Ich wollte all die Promis, bei denen ich während meiner vergangenen Aufenthalte zu Hause gewesen war, kein einziges Mal sehen. Ich widerte mich selbst in dieser doofen, oberflächlichen Welt an. Ich hatte keinen Bock auf irgendwas in diesem blöden L.A.

Das Einzige, was mir halbwegs Spaß machte, aber auch nur halbwegs, denn ich wusste, dass ich dort nicht hingehörte, waren die Castings, zu denen ich ging. Ich hatte einige kleine Modeljobs. Nichts, was der Rede wert wäre. Ich spürte zum ersten Mal so richtig, dass ich dieses L.A. nicht war. Ich gehörte als *Lozäärnerin* nach Luzern und nirgendwo sonst auf der Welt wollte ich lieber sein. Die Entscheidung, nach Hause zu fahren, war eine der besten Entscheidungen meines Lebens, denn dank dieser bekam ich endlich die Kurve.

Wieder zu Hause begann meine gemeinsame Zeit mit Angel. Nizza, Bahamas, aber vor allem Luzern. Ich möchte gar nicht weiter auf unsere Beziehung eingehen, denn wir wollten sie nie öffentlich machen und ich bin froh, dass wir uns dazu entschieden haben, sie privat zu halten. Es ist nicht immer einfach, wenn die ganze Öffentlichkeit spekuliert, wie es um deinen Beziehungsstatus wohl gerade steht. Wir wollten keine Story aus unserem Liebesleben machen und ich finde auch rückblickend nach wie vor, dass das eine weitere der besseren Entscheidungen war, die wir getroffen haben …

Alles in allem kann ich sagen, dass ich das, was ich mit Angel erlebt habe, noch nie zuvor in meinem Leben gefühlt und erlebt habe. Angel war der erste Mann, der mein wahres Ich wahrgenommen hat und sich genau in dieses verliebte. Er sah mich als Ganzes. Es gab viele schöne Frauen in seinem Leben, aber ich weiß, dass er für keine Einzige das gefühlt hat, was er für mich fühlte. Das beruht auf Gegenseitigkeit.

Angel hat es geschafft, mich realisieren zu lassen, wie schön ich bin. Er war mein Schlüssel zur Selbstliebe und mein Anstoß, sie zu entdecken. Meine Selbstzweifel sind zu einem großen Teil dank seiner Hilfe verschwunden. Ich weiß nicht einmal, ob ihm das tatsächlich bewusst ist. Von dem Mann, den du zutiefst liebst, zu hören, dass du ungeschminkt, ohne Brustimplantate, ohne teure Kleidung und all den Firlefanz am absolut begehrenswertesten bist, ermutigt! Es ermutigt zu vertrauen und die eigene, natürliche Schönheit wahrzunehmen. Wäre er nicht gewesen, wäre ich vermutlich noch lange im Dunkeln herumgeirrt und vielleicht noch tiefer gefallen.

Alles war so schön und eigentlich wollten wir uns nicht trennen und wollten es doch. War es eine Trennung aus Vernunft? Ich habe bis heute nicht aufgehört, ihn zu lieben, und trotzdem war die Trennung notwendig und ich möchte sie nicht missen, denn sie hat mich verdammt viel gelehrt. Ich habe mich seit dieser Trennung noch einmal ein riesiges Stück weiterentwickelt, und glaube mir, ich dachte, das wäre in diesem Bereich – Herzschmerz – nicht mehr notwendig nach allem, was ich bereits erlebt hatte. Aber die Trennung war definitiv notwendig, um vieles über die Liebe, über mich selbst und das Leben allgemein zu realisieren.

Ich habe verstanden, woran ich bei mir arbeiten muss. Am »mehr Wollen«! Immer wieder baue ich mir etwas auf, um es dann selbst zu zerstören, da ich die Grenzen nicht sehe und mich oft nicht zufriedengeben will. Im Bodybuilding war ich zum Beispiel doch längst gut gewesen – und hatte trotzdem immer mehr gewollt. Bei meiner Karriere ist es ähnlich: Warum lehne ich mich nicht einmal einen kurzen Moment zurück und genieße, was ich mir bereits alles so hart erarbeitet habe?

Und auch in der Beziehung mit Angel war alles super, aber ich hatte einen Affenzahn drauf, wenn es darum ging, uns als Paar weiterzuentwickeln. Eigentlich war doch alles so einfach und schön!

Mehr wollen ist gut. Ambition! Willenskraft! Hunger! Ich liebe es, weiterzukommen und neue Herausforderungen und Aufgaben zu meistern. Das ist generell eine Stärke, kann aber genauso eine Schwäche sein: Der ständige Hunger nach mehr.

Natürlich war das nicht der alleinige Trennungsgrund. War es überhaupt ein Grund? Gab es überhaupt irgendwelche Gründe, die man ernsthaft nennen kann?

# MEINE BEZIEHUNGSRATSCHLÄGE

Wegen all meiner gescheiterten Beziehungen sehen mich vielleicht nicht alle Menschen als die perfekte Beziehungsratgeberin an. Andere genau deswegen. Auf jeden Fall kann ich dir mitgeben, was ich aus meinen Niederlagen mitnehmen konnte.

## Vergiss dich nicht!

Orientiere dich in deiner Beziehung nicht daran, was »normal« ist und was andere Paare machen. »Schatz, er geht aber auch mit zu ihren Familienfesten« oder »Die sind schon nach sechs Monaten zusammengezogen« – das heißt aber noch lange nicht, dass das für euch auch gelten muss. Ungeduld und Druck können vieles zerstören und du kannst deinen Partner damit echt stressen.

Vielleicht fragst du dich jetzt, ob du zu hohe Erwartungen hast. Ich glaube, das Problem ist nicht, dass wir unrealistische Erwartungen haben, sondern dass wir diese oft an die falschen Personen stellen. Soll man generell Erwartungen an andere Menschen stellen? Ich glaube, damit sollte man vorsichtig sein, denn wer erwartet, kann enttäuscht werden. Lerne, weniger zu erwarten und umso mehr zu schätzen, was dir gegeben wird.

Es muss nicht ständig noch besser und noch schöner werden. Die Beziehungen aus den kitschigen Liebesfilmen entsprechen nicht der Realität. Sobald die Kameras aus sind, würde es auch dort anders aussehen, wenn das wirkliche Paare wären. Höre auf zu vergleichen.

Ganz egal, ob du glücklicher oder unglücklicher Single bist, in einer tollen oder vielleicht aktuell gerade weniger tollen Beziehung steckst, verstehe, dass neben all dem, was du anders haben möchtest, auch vieles da ist, was du schätzen solltest! Es liegt genau vor dir, du musst nur hinsehen und dich bewusst darüber freuen.

## Mein Tipp für dich

Lebe im Moment. Genieße ihn. Erfreue dich an dem, was du schon hast. Denke nicht ständig darüber nach, was es noch zu verbessern gibt. Das Leben ist nicht perfekt. Die Gefahr, dass man vergisst, das zu schätzen, was schon da ist, ist groß.

Erschaffe dir keine Probleme, indem du vor lauter Ungeduld zu fest aufs Gaspedal drückst. Äußere deine Wünsche, aber sei dir bewusst, dass gewisse Dinge erst mit der Zeit kommen!

## Bleibe immer du selbst!

Damit meine ich nicht nur, dass du dich nicht verstellen sollst, denn das solltest du generell nie. Viel wichtiger finde ich, dass du dein eigenes Leben, das Leben neben deiner Beziehung, intakt hältst.

Vergiss nicht, was du in deiner Freizeit gerne machst, auch ohne deinen Partner. Mir ist oft passiert, dass ich meinen Partner über mich und meine Hobbys gestellt habe. Ich habe ihn immer zur ersten Priorität gemacht. Das ist natürlich nicht immer negativ, aber ich habe zum Beispiel oft meine Arbeit liegen lassen, weil er sich mit mir treffen wollte, oder meine Freundinnen »on hold« gelassen, weil mein Freund sich

*Nimm dir immer wieder Zeit für DICH und vergiss nicht, dich selbst auch zu lieben!*

ja eventuell in letzter Sekunde doch noch melden könnte. Das ist das Ungesündeste, was du machen kannst.

Vergiss dein eigenes Leben, deine Leidenschaften, deine eigenen Bedürfnisse, deine persönlichen Ziele und deine Hobbys nicht, auch wenn du dein Leben nun mit jemandem teilst.

## Mit einer Trennung umgehen

Eine Trennung ist niemals leicht. Das habe ich schon oft genug erfahren. Mit jedem nächsten Partner denkt man, dass dieser besser als alle anderen zuvor ist. Bis der/die Nächste kommt. Und bei jeder Trennung denkst du, dass du nie, nie, nie wieder jemand anderen lieben wirst. Bis der/die Nächste kommt.

Wie oft habe ich mich gefragt, ob ich jemals darüber hinwegkommen werde, dass es schon wieder nicht geklappt hat? »Klar wirst du das«, sagt mir jeder. »Weißt du, Anja, es ist einfach nur eine Frage der Zeit. Der Nächste wird kommen, mach dir keine Sorgen.«

Ich weiß, ein Stück weit will man diese Standardsätze nicht hören, aber sie haben irgendwo recht: MACH DIR KEINE SORGEN. Es wäre schade, dich und alles, was du in deinem Leben hast, jetzt fallen zu lassen.

> Es ist wichtig, dass du verstehst: Dein Glück ist von niemandem abhängig. Du allein entscheidest, wie es dir geht. Nichts und niemand hat die Macht, über dein Wohlergehen zu bestimmen. Du allein bist dafür verantwortlich. Es liegt an dir, wie du dich fühlst, denn du entscheidest darüber.

Manchmal gelingt dieses Denken. Manchmal gelingt es weniger. Das ist normal. Sonnen- und Regentage gehören zum Leben. Mit jeder weiteren Beziehung, die in die Brüche geht, kommt die Gefahr auf, mehr und mehr an Beziehungen, an Männern (oder Frauen) und leider auch an sich selbst zu zweifeln!

Es ist normal, für einen Moment zu zweifeln, und du darfst traurig sein. Heule dich richtig aus. Rede darüber, schreibe darüber, lass alles raus. Nimm dir freie Tage. Sage alles ab, gehe reisen, nimm dir Zeit und raffe dich in deinem Tempo wieder auf. Beginne eine Therapie, wenn du nicht mehr weiterweißt. Es ist okay!

Traurig zu sein, beweist Stärke, denn stark ist, wer sich seinen Gefühlen stellen kann und ihnen freien Lauf lässt. Friss nichts in dich rein, mache dir nichts vor, überspiele nichts. Sonst wird es dich später einholen.

## Mein Tipp für dich

Nimm dir die Zeit, die du brauchst, um deine Trennung zu verarbeiten. Sei nachsichtig mit dir! Sobald alles durchgestanden ist, bist du zurück im Leben als eine noch stärkere und noch fröhlichere, noch erfahrenere Person – glaube mir!

Gib dich niemals selbst auf, denn du hast mehr Stärke in dir, als du dir zutraust.

Wurdest du schon mal betrogen und hast dadurch an deiner eigenen Attraktivität gezweifelt? Dann nimm dir bitte folgende Worte zu Herzen: Wenn du betrogen wirst, hat das nicht das Geringste mit dir zu tun! Du hast nichts falsch gemacht. Du bist nicht langweilig, du bist nicht falsch. Das Problem liegt einzig und allein bei deinem Partner. Er ist derjenige, der von Selbstzweifeln geplagt wird. Er ist derjenige, der die Bestätigung von anderen braucht. Es kann sein, dass er diese Selbstzweifel schon ewig mit sich herumträgt. Vielleicht sogar schon seit seiner Kindheit und das ist mit Sicherheit nicht dein Verschulden. Bitte lass dich nicht, wie es mir passiert ist, von so etwas brechen.

Ich habe durch all meine Enttäuschungen realisiert, wie stark ich eigentlich wirklich bin. Ich habe es gelernt, indem ich immer wieder an meinem tiefsten Punkt angelangt bin. Ich habe festgestellt, egal wie tief ich auch fallen mag, es bringt mich nicht um!

Ich habe mir jedes Mal so viel Zeit zum Liegenbleiben gelassen, wie ich benötigte. Ich finde, man darf zu Gefühlen stehen und es darf einem auch mal nicht gut gehen. Auch eine ganze Weile lang. Aber irgendwann bin ich immer wieder aufgestanden, denn das Leben ist zu wertvoll, um tief in einem Loch im Dunkeln liegen zu bleiben.

Ich habe hingesehen und erkannt, was ich neben einer Beziehung alles Tolles in meinem Leben habe und was für Dinge mich sonst noch erfüllen. Vielen, auch mir, passiert es nämlich oft, dass man seine persönlichen Bedürfnisse vernachlässigt und nur noch in der Beziehung lebt. Allerspätestens nach einer Trennung sollte man seine Leidenschaften wiederentdecken, die vielleicht zu lange in Vergessenheit geraten waren.

Viele nennen das »Ablenkung«, ich sehe das anders. Du sollst nichts verdrängen, aber du sollst realisieren, dass du dich an so vielem, was nicht mal einen Katzensprung von dir entfernt liegt, erfreuen kannst! Ich habe nach meiner letzten Trennung zum Beispiel wieder realisiert, dass ich sehr gerne auf Leinwand male, gerne wandern gehe, es liebe zu tanzen, zu schreiben und hin und wieder mal einfach mit meinen besten Freundinnen Spaß zu haben. Diese Dinge erfüllen mich und ich brauche dazu keinen Partner.

Was tust du in deiner Freizeit gerne, ohne an deinen Partner/deinen Ex zu denken? Was erfüllt dich? Bleibe immer, egal ob du in einer Beziehung bist oder nicht, eine eigenständige und unabhängige Person.

## Mein Tipp für dich

Wenn du momentan eine Trennung verarbeitest, denke an folgende Sätze:

- Nie werde ich es zulassen, dass ein Mann/eine Frau mich komplett zerstört.
- Ich mache mein Leben und mein Glück nicht von jemand anderem abhängig.
- Ich bin eine starke und eigenständige Person.
- Ich habe viel vor in meinem Leben und ich gehe meinen Träumen nach. Mit oder ohne Begleitung an meiner Seite.

# MEINE NEUE EINSTELLUNG ZUR LIEBE

Am Anfang dieses Kapitels habe ich davon erzählt, wie meine Einstellung zu Liebe und Beziehungen einst war. Ich hatte eine klare Vorstellung davon. Zum Abschluss fehlt nun mein Fazit, nach all meinen Erfahrungen in Sachen Liebe. Auf jeden Fall haben sich meine rosarote, klare Linie und meine Grundansichten von Beziehungen verändert.

Falls dein Bild von Beziehungen noch nicht von negativen Erfahrungen verändert worden ist, sei dankbar und glücklich! Manchmal wünschte auch ich mir, ich könnte all die Lebenserfahrung zurückgeben und es wäre alles viel einfacher gewesen. Andererseits aber will ich keinen einzigen Moment davon missen, denn ich habe durch diese Erfahrungen enorm viel über mich selbst gelernt. Zum Beispiel wie belastbar ich bin. Echt beeindruckend!

Bis jetzt hat es für mich noch nicht für die Ewigkeit gehalten, mit der Liebe. Aber auch wenn die ewige Liebe *perfekt* wäre, vergiss nicht, was zählt: Sei glücklich – nicht perfekt!

Wir leben in einem Zeitalter, in dem gewisse Dinge nicht mehr in Stein gemeißelt sind. Dinge dürfen, aber müssen nicht für die Ewigkeit sein. Generell sehen wir Trennungen als etwas Negatives. Wir sollten aber versuchen, die Beziehung davor als *wunderschönen und positiven Lebensabschnitt* zu sehen und zu schätzen, was wir daraus für unser Leben mit auf unseren Weg nehmen können.

Wir alle – du, ich, dein (Ex-)Partner – verändern uns ständig. Wir wachsen. Und Wachstum ist etwas Gutes! Vielleicht läuft dir schon morgen der nächste, wahre Mr. Right über den Weg. Vielleicht ist er dann für einige Jahre der eine, bis ihr euch auf dramatische Weise trennt. Vielleicht bleibt er aber auch für immer an deiner Seite – das kannst du nie wissen. Wichtig ist, dass du immer positiv eingestellt an alles herangehst.

*Momentan bin ich Single – aber glücklich!*

Ich habe mir nach all dem, was ich erlebt habe, irgendwann die folgenden Fragen gestellt:

- Will ich überhaupt eine »klassische« Beziehung?
- Wäre eine offene Beziehung besser für mich, da man sich damit weniger nur einer Person hingibt und die Verletzungsgefahr kleiner ausfällt? Oder würde es mich umso mehr verletzen, den Einen nicht für mich allein zu haben?
- Möchte ich wirklich mal heiraten und eine Familie gründen?
- Möchte ich all das, aber ohne, dass das eine dabei in Verbindung mit dem anderen steht?
- Gleichgeschlechtliche Liebe habe ich bisher nur auf rein sexueller Ebene kennengelernt. Aber werde ich vielleicht irgendwann doch für eine Frau stärkere Gefühle entwickeln?

Ich habe noch keine Antworten auf diese Fragen gefunden und ich bin froh darüber, denn ich habe beschlossen, sie mir aus dem Kopf zu schlagen, und ich finde, das solltest du auch!

Ich analysiere und reflektiere sehr viele meiner Taten und Gedanken, aber gewisse Dinge dürfen unbeantwortet im Leben stehen bleiben. Das macht es spannend! Wie langweilig wäre es, wenn du alles schon wissen würdest und für alles eine Struktur hättest? Es ist erfrischend und zudem sehr wichtig für deine Entwicklung, einfach ohne Gewissheit zu leben und abzuwarten, was das Leben dir bringt.

Sobald du aufhörst, dich mit solch schwierigen Fragen verrückt zu machen, und dich einfach entspannt auf dich selbst konzentrierst, wirst du Glück, Ruhe und Luft zum Atmen finden. Lass los …

# 5

# Authentizität erlangen und Selbstliebe finden

Sich selbst zu lieben, ist das größte Geschenk, das man sich selbst machen kann. Denn wer das schafft, der kann alles schaffen! Aber wie findet man diese Selbstliebe, wie findet man zu sich selbst? Wir alle sind von Selbstzweifeln geplagt und je mehr wir an uns zweifeln, desto schwerer fällt es uns, unsere Ziele zu erreichen, weil wir es uns nicht zutrauen. Aber genau das sollst du! Du sollst dir etwas zutrauen, an dich glauben, wissen, wie toll du bist! Begleite mich deshalb auf meinem Weg zu meinem wahren Ich, auf dem ich gelernt habe, mich so zu lieben, wie ich bin, und meine Träume zu verwirklichen.

# INSTAGRAM –
# DER SCHÖNE SCHEIN

»Wow, die hat tolle Haare!« »Boah, ist die schlank!« »Was für ein perfektes Leben diese wunderschöne Familie hat!« »Toll, diese faszinierend schönen Urlaubsfotos.«

Wie oft scrollen wir durch unseren Instagram-Feed und bleiben automatisch bei den Beiträgen hängen, die Perfektion, das Surreale und Außergewöhnliche präsentieren? Je weiter sie von »normal« entfernt sind, desto beliebter sind sie. Am besten kommen wohl Fotos von spindeldürren Frauen im Bikini an, mit großen Brüsten, einem perfekten, runden Po, einem leichten Ansatz von Bauchmuskeln (aber nicht zu viel!), langem, leicht welligem Haar vor einer traumhaften Strandkulisse, blauem Himmel, türkisfarbenem Wasser, und neben ihnen am besten ein Einhorn. Völlig egal, ob Photoshop im Spiel ist oder nicht – solche Fotos ziehen unsere Blicke auf sich.

Wieso? Weil sie besser als all das sind, dem wir tagtäglich in unserem Leben begegnen. Mit diesen Fotos können wir uns gedanklich weit weg träumen. Sie täuschen uns vor, es gäbe das perfekte Leben, den perfekten Tag, die perfekte Figur und die perfekte Beziehung. All das, wovon wir träumen, scheint es wirklich zu geben, es ist ja da, auf dem Foto abgebildet. Like. Comment. Scroll …

Zum einen lösen solche Fotos etwas Positives in uns aus, denn sie zeigen uns eine wunderschöne Scheinwelt und reißen uns für einen Moment aus unserer manchmal nicht ganz so prickelnden Realität. Aber Achtung: Scheinwelt! Wir vergessen, dass das, was wir sehen, nicht dem echten Leben entspricht und dass solche Beiträge auf Dauer unsere Psyche negativ beeinflussen können.

## Meine persönliche Social-Media-Geschichte

Ich selbst war noch nicht ganz 19 Jahre alt, als ich Instagram beigetreten bin. Ich kam durch eine Freundin dazu, mit der ich gemeinsam in Nizza Französisch lernte. Sie machte mich mit der Plattform vertraut, die sie selbst gerade erst entdeckt hatte. »Instagram ist eine App, ähnlich wie Facebook, auf der man sozusagen Fototagebuch führen kann«, erklärte sie mir. Wie cool!

Ich erstellte mir ein Profil und begann, meine Urlaubsfotos zu posten. *@_peanutbuttericecream* war damals mein Username. Damals erlaubte die App es nur, im Quadrat zu posten. Es gab nur die Instagram-Filter, entweder mit vollem Effekt oder keinem. Zudem hatte niemand seine Bilder vor dem Veröffentlichen durch Facetune, Lightroom, Photoshop oder sonstige Bearbeitungsprogramme ver-

schönert. Die App lebte damals von spontanen Schnappschüssen. Ach, wie ich diese authentische, stressfreie Plattform, wie sie ursprünglich war, manchmal vermisse! Sie hat sich stark verändert, und wenn man mich fragt, zu einem großen Teil zum Negativen.

2012 ahnte ich noch nicht, dass ich eines Tages Hunderttausende Menschen mit meinen Posts inspirieren würde. Beim Stöbern auf diesem Portal lernte ich meine damaligen Fitnessvorbilder kennen. Nur digital, versteht sich. Aber trotzdem schien es fast, als wäre ich eine Freundin von ihnen, denn so unbeschreib-

*Viola und ich beim Sport. Durch sie kam ich auf Instagram.*

lich viele Podeste sie auch über mir standen, ich wusste alles von ihnen. Wo sie sich aufhielten, wie sie trainierten, was sie aßen. Michelle Lewin, Larissa Reis, Emily Skye und Co. Diese Frauen sehen einfach bombastisch aus, dachte ich damals – und das bekamen sie von Hunderttausenden Menschen via Likes und Kommentaren bestätigt.

Was sie taten, inspirierte mich, und so begann auch ich, bei ihnen abzuschauen und meine Fitnessbilder zu posten. Ich war zu dieser Zeit in den Anfängen meiner Fitnesskarriere. Zu meinen ersten Posts gehörten Bilder von meinen Fotoshootings für die deutsche *FHM*, *MAXIM* und *GQ*. Jemand, der mich nicht kannte und mein Instagram-Profil betrachtete, bekam den Eindruck, dass ich bereits ein Megastar war, der täglich nichts anderes machte, als zu trainieren und für Hochglanzmagazine zu posieren.

Es dauerte nicht lange, bis auch ich immer mehr Zuspruch für meine Posts bekam. Eingeschlagen haben vor allem meine Vorher-Nachher-Bilder: vom untrainierten Partygirl zur fitten, glücklichen Fitnesskanone! Es hagelte nur so an Likes und Kommentaren wie: »Jetzt siehst du super aus! Was isst du?« »Deine Figur ist ein Traum! Wie oft die Woche trainierst du?« »Bitte verrate uns deine Fitnesstipps!«

Meine Followerzahl nahm zügig zu. Der Beginn des Influencer-Marketings und Instagram-Anja wurden sozusagen zur selben Zeit geboren. Wir wuchsen gemeinsam. Ich war eine der ersten weiblichen Schweizer Persönlichkeiten auf dieser Plattform. Man könnte fast sagen, die Proto-Influencerin der Schweiz…

In meinen Anfängen war ich begeistert von Instagram. Erst Jahre später habe ich verstanden, was diese Plattform mit uns allen angerichtet hat. Likes erhielten plötzlich einen enormen Stellenwert. Instagram wurde über die Jahre zu einem Geschäft. Plötzlich wimmelte es nur noch von makellosen Fotos und genau diese waren es, die durch Likes und Kommentare immer am meisten Lob erhielten. Völlig logisch, dass somit Druck aufkam. Ein Druck, mit- und standhalten zu können.

Mein Kanal wurde zur Fitnessplattform, somit war es für mich Voraussetzung, immer in Form zu bleiben, denn meine Follower waren eine knallharte Jury. Sie wussten alles von mir und es gab nichts, was ihnen nicht auffiel: »Hast du die Haare heller?« »Du siehst müde aus!« »Toll, die neuen Schuhe!«

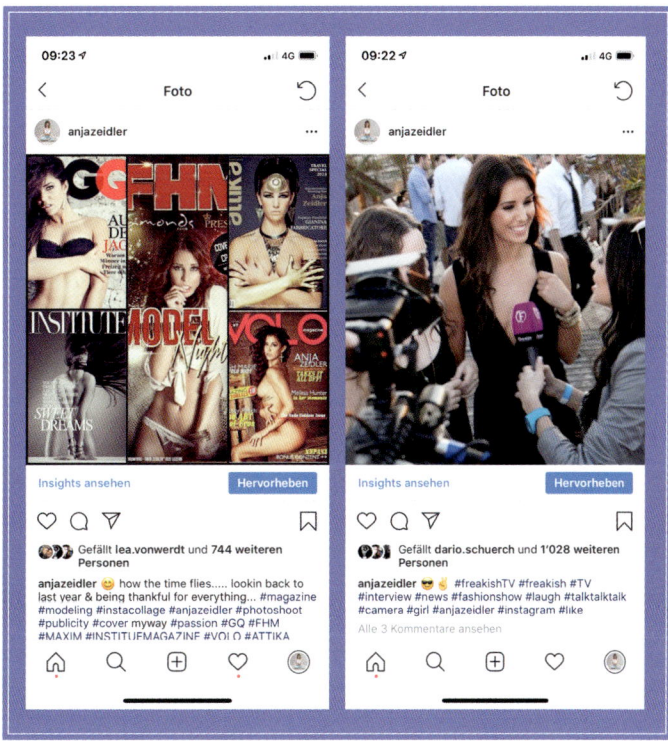

Am meisten achteten sie auf meine Figur. Daher identifizierte ich mich stark über meinen Körper. Vor allem die Bilder, in denen ich meinen trainierten Body in Szene setzte, bekamen damals Aufmerksamkeit. Also war meine Schlussfolgerung, dass nur er es war, was gut an mir war. Mein Körper! Alles andere schien nicht zu interessieren.

»Jetzt bist du wieder etwas schlanker, hast du Diät gehalten?« Meinen Followern fiel jedes Gramm an mir auf. Damals sah ich solche Kommentare als Motivation, dranzubleiben und niemals locker zu lassen. Erst später habe ich realisiert, dass sie mich psychisch zerstörten, auch wenn sie nicht mit böser Absicht geschrieben wurden.

Im Internet ist man direkt, knallhart und kennt kein Erbarmen. Nie hätte ich es mir damals vorstellen können, ein ungeschminktes Foto zu posten. Im Gegenteil, ich hatte das Gefühl, ich müsste ständig das perfekte Bild präsentieren, das die Leute erwarteten. So kam es, dass ich immer höher hinaus wollte, die Grenzen nicht mehr sah und schließlich bereit dazu war, alles zu tun, was es erforderte, um in Form zu bleiben. Übertraining, Diäten, Anabolika.

Wieso habe ich mich so verunsichern lassen? Nun ja, jeder Mensch mag Bestätigung, Zuspruch und Komplimente. Instagram sorgt dafür, dass man regelrecht süchtig danach wird. Zudem wollte ich, über Instagram hinaus, Fitnessmodel werden und in der Öffentlichkeit stehen. Dafür muss man gewissen Normen entsprechen, um mithalten zu können.

Egal, wie hart ich an mir arbeitete und wie gut ich war, ich fand immer wieder etwas Neues, das noch nicht gut genug an mir war. Vor allem entdeckte ich bei meinen damaligen Vorbildern immer wieder etwas, das mir noch fehlte. Zum Beispiel längeres, glatteres Haar, dichtere Wimpern, größere Brüste oder vollere Lippen.

Ich verfiel dem Insta-Wahn, machte die Trends mit und hatte damit Erfolg. Traurigerweise! Nun sind wir genau bei dem Punkt, von dem ich anfangs sprach: Je künstlicher, ausgefallener und surrealer, desto beliebter!

Ich litt unter einem unglaublichen Druck. Das Leben war echt anstrengend! Mehrmals täglich trainieren, immer Diät halten, auf Abendessen und Kinobesuche mit Freunden verzichten, denn ich hatte keine Zeit dafür und auf meinem Speiseplan stand Gemüse, kein Popcorn. Ständig überall Fotos schießen. Hunderte. Um dann eines daraus auszuwählen, die angesagtesten Filter darüber zu knallen und es online zu stellen.

Natürlich soll alles locker und entspannt aussehen. Die Leute wollen ja ihre perfekte Welt sehen. Also lügt man sich selbst immer wieder an, indem man sagt, dass man glücklich und gesund sei. Man zeigt sich beim Eis essen und tut so, als genieße man eine große Portion davon. Sobald die Kamera aus ist, schüttet man das Eis weg oder es überkommt einen und man isst den ganzen Becher und versteckt sich anschließend im Badezimmer, um zu brechen. Hinter den Kulissen der Instagram-Welt sieht es oft so anders aus!

Während ich damit beschäftigt war, den Ansprüchen der Instagram-Welt zu genügen, war ich mir nicht bewusst, dass auch mir bereits Hunderttausende Menschen zusahen, die mich genauso bewunderten, wie ich meine surrealen Ikonen bewunderte. Ich führte den ungesunden Rattenschwanz weiter.

Natürlich habe ich auch damals schon Gutes verbreitet, habe mir stundenlang Zeit genommen, meinen Fans zu antworten und vielen zu einem gesünderen Lebensstil zu verhelfen. Es ist nicht alles an Instagram per se schlecht. Sport und gesunde Ernährung empfinde ich nach wie vor als etwas Positives, es ist nur wichtig, dass man erkennt, wo die Grenzen sind und wann es extrem wird.

Ich kann bis heute nicht ganz genau sagen, was es wirklich war, das mich irgendwann hat erkennen lassen, was eigentlich vor sich ging. Ich vermute, ich wurde einfach reifer und realisierte, wo das Ganze noch hinführen könnte, wenn nicht endlich jemand die Notbremse zog. Eine Rolle spielten dabei meine Freunde. Es erschreckte mich, dass auch sie – ich bezeichne sie mal als Privatpersonen, also »normale Follower« und meine damit, dass sie Instagram nicht wie Influencer kommerziell nutzen – dem Instagram-Wahn verfallen waren, Weichzeichnungsfilter für ihre Fotos anwendeten und sich anders präsentierten, als ich sie eigentlich kannte. Gestellt!

## Ich werde – auch online – wieder zu meinem wahren Ich

Aber wer traut sich schon, eine Gegenbewegung zu starten und sich ohne all die Filter und künstlichen Posen im perfekten Winkel zu zeigen? ICH!

Es hat Mut gekostet und es ging nicht über Nacht, denn die Angst, alles, was ich mir aufgebaut hatte, zu verlieren, war lange größer als mein Mut. Es begann mit der Beendigung meiner Bodybuildingzeit, meinem Abschwören von Diäten, gefolgt vom Verabschieden meiner Wimpern-, Nagel- und Haarextensions. Ich war stolz auf mich, dass ich gelernt hatte, mich auch ohne diese Extras schön zu finden.

Dass ich mich verloren hatte, wurde mir zum ersten Mal bewusst, als ich alte Videos und Fotos von vor der Bodybuildingzeit von mir anschaute. Ich sah das Strahlen in meinen Augen, sah meine feinen Gesichtszüge und meinen natürlichen Körper. Ich versetzte mich gedanklich in die Anja zurück, die ich damals gewesen war, und realisierte, dass ich nicht mehr dieselbe Lebensfreude wie damals verspürte. Ich war enorm weitergekommen, hatte mich entwickelt, Dinge ausprobiert, aber es machte mich traurig zu realisieren, dass ich mich stark von meinem natürlichen Ich wegentwickelt hatte.

Ich zögerte lange, bis ich mir eingestand, dass ich mich zurückhaben und ohne all diese künstlichen Extras lieben wollte. Aber schlussendlich war es wie ein Sprung ins kalte Wasser: Ich machte es einfach!

Eines Tages stieg ich aus der Dusche und betrachtete mich im Spiegel. »Du bist wieder Anja! Deine Aura, die du so lange irgendwo liegen gelassen hast, ist zurück!« Nun ja … Wären da nicht diese zwei Brustimplantate …

Früher war ich der Annahme, um schön und weiblich zu sein, bräuchte ich perfekte Brüste. Ich hatte die Implantate letztendlich nur einsetzen lassen, weil ich mich ständig nach außen verglich. Wo sonst sollte die Idee dieser Möglichkeit herkommen?

## Mein Tipp für dich

Fragst du dich manchmal, wie du wohl mit deiner wunderschönen Naturhaarfarbe aussehen würdest? Wieso solltest du die Farbe verstecken, die die Natur dir geschenkt hat? Und denkst du nicht auch, dass deine Haut dir dankbar wäre, wenn du sie nicht täglich mit Make-up zuspachteln würdest? Du hast Hautunreinheiten, Fältchen oder Muttermale, die dich verunsichern? Dann sei eine von denen, die den ersten Schritt machen, und zeige dich der Welt, wie du bist. Stehe dazu und ermutige damit andere, dasselbe zu tun, anstatt anderen vorzuspielen, dass deine Haut makellos ist. Damit lügst du dich selbst an und verunsicherst andere. Dasselbe gilt für deine Figur. So viele von uns haben Dehnungsstreifen, Cellulite oder Stellen an unserem Körper, die nicht dem Idealbild entsprechen. Wir alle!

Du weißt, wie traurig es machen kann zu denken, andere seien schöner als man selbst. Willst du dieses Gefühl, das Gefühl des weniger Schönseins, anderen wirklich weitergeben, indem du so tust, als wärst du besser? Oder möchtest du einfach sagen: Hey, ich bin auch nicht immer perfekt!

Schönheit ist eine Einstellungssache. Schönheit erfordert Selbstliebe. Du wirst niemals wahre Schönheit ausstrahlen, wenn du dich nicht wohl in deiner Haut fühlst. Jeder hat die Chance, schön zu sein, wenn er nur an sich glaubt.

Der Geheimtipp heißt: Trau dich!

> Dein Körper gehört dir! Du darfst alles mit ihm machen, was du möchtest. Aber du musst nicht!
>
> Du bist durch eine Schönheits-OP nicht mehr, aber natürlich auch nicht weniger wert, denn dein Wesen ist mehr als das, was nach außen sichtbar ist.

Ich hatte die ersten Wochen und Monate Freude an meiner Brustvergrößerung, bis ich irgendwann an den nächsten noch zu verbessernden Körperstellen herumstudierte. Der Weg, zufrieden mit seinem Körper zu sein, verläuft nicht über Schönheits-OPs. Das wurde mir aber erst bewusst, nachdem ich mich auf den OP-Tisch gelegt hatte.

Jahre nach dem Eingriff schaute ich irgendwann alte Fotos von mir aus Teenagerzeiten an. Ich war so glücklich gewesen, vor all dem Insta- und Fitnesswahn. Meine Brust war zwar kleiner, aber schön, denn ich bin schön! Individuell auf meine Art, wie es jeder ist.

Mich ließ der Gedanke nicht los, mich von diesen beiden Fremdkörpern, den Implantaten, zu trennen. Ob die Leute, meine Fans und Follower, wohl negativ darauf reagieren würden? Diese Angst war nur ganz kurz in meinem Kopf, denn mental hatte ich mich bereits weiterentwickelt.

*Miss dich nicht an Likes, vergleiche dich nicht mit anderen, bleibe du selbst!*

Es beunruhigte mich, tagtäglich Nachrichten von jungen Frauen zu erhalten, die Auskunft und Tipps für ihren großen Wunsch, eine Brustvergrößerung, von mir wollten.

Es sind längst nicht nur die Influencer vom Schönheitswahn betroffen, die Follower sind es genauso, denn sie wollen das, was ihre Vorbilder ihnen schmackhaft machen. So funktioniert Social-Media-Influencing. Deshalb wurde daraus ein Geschäft. Es ist regelrecht ein Wahnsinn, was für einen enormen Einfluss die sozialen Medien eingenommen haben. Diese Apps haben einen gigantischen Einfluss auf unsere Psyche, ohne dass wir es teilweise bemerken. Ich kann tagtäglich feststellen, dass meine Follower mir durch Nachrichten verraten, dass sie wie ich sein möchten, meine Klamotten nachkaufen wollen, dorthin in den Urlaub fahren möchten, wo ich hinreise, essen wollen, was ich esse und so weiter. Klar, das ist ein Kompliment, gleichzeitig aber beängstigend und traurig! Ich will nicht vermitteln, dass man erst dann glücklich ist, wenn man wie sein Vorbild lebt.

Für einen Moment dachte ich ernsthaft darüber nach, meinen Instagram-Account einfach zu löschen und mich von dieser anstrengenden und ungesunden Welt zu verabschieden. Aber dann kam mir eine bessere Idee: Allein kann ich nicht viel verändern, das war mir bewusst, aber was, wenn ich einfach eine Gegenbewegung zeigte, was, wenn ich meine

*Zusammen gegen Perfektionismus!*
*Mut zum Echten!*

Zweifel an genau dieser ungesunden Entwicklung öffentlich äußerte und die Leute ermutigte, dass sie keine Diät halten, sich nicht unters Messer legen und sich nicht jemandem anpassen müssen, um schön und glücklich zu sein? Gesagt, getan!

Ich ließ mir die Brustimplantate entfernen, denn ich wollte einfach wieder ich selbst sein und andere vor dem Schönheitswahn bewahren, nicht dazu verlocken. Der von mir auserwählte Schönheitschirurg wollte mich zwar in meinem Vorhaben unterstützen, wies mich aber trotzdem vermehrt darauf hin, dass meine Brust danach vermutlich schlaffer und deutlich kleiner sein würde. Er bot mir im Beratungsgespräch daher drei Möglichkeiten an:

- Möglichkeit 1: Kleinere Implantate einsetzen, sodass der falsche Busen natürlicher wirkt.
- Möglichkeit 2: Die Implantate entfernen, die leere Haut aber mit Eigenfett, welches man mir am gesamten Körper absaugen müsste, füllen.
- Möglichkeit 3: Die Implantate rausnehmen und die natürliche Brust mit einer T-Narbe straffen. Man würde mir Brustdrüsen entfernen und ich könnte später kein Baby mehr stillen. Aber die Brust wäre garantiert straff.

Ich wählte keine der drei Möglichkeiten, sondern entschied mich für Option vier: Die Implantate durch denselben Schnitt, durch den sie einst eingesetzt wurden, wieder zu entfernen, ohne Eigenfett, ohne Straffung, ohne Implantate. Der Arzt fand meine Ansicht schön, konnte mir aber kein kosmetisches Spitzenergebnis versichern. Ich gab ihm zu verstehen, dass es mir hier nicht um einen weiteren

*Am Tag vor und am Tag nach meiner Brustimplantat-Entfernung*

kosmetischen Eingriff ginge. Es ging mir um Natürlichkeit. Und wenn meine Brust dadurch deutlich kleiner und schlaffer sein würde, dann würde ich das annehmen. Ich wollte meine Brust nicht straffen, nur um schön zu sein, damit aber riskieren, meine Kinder nicht mehr stillen zu können.

Ich habe bereits einige Entscheidungen erwähnt, die ich zu den besten meines Lebens zähle. Der Tag meiner Implantat-Entfernung im September 2017 gehört ganz oben auf diese Liste.

> Du darfst mit deinem Körper machen, was du willst, aber du brauchst keine chirurgischen »Verbesserungen« (wenn es denn tatsächlich Verbesserungen sind), um glücklich und schön zu sein. Du bist bereits schön. Du kannst bereits glücklich sein!

Nachdem ich all meine Taten, mein Verhalten und meine Gedanken von früher reflektiert habe, weiß ich, dass mich die Optimierung meines Ausschens nicht zu einem glücklicheren Menschen gemacht hat. Heute erscheint mir das ganz logisch, aber leider habe ich das nicht immer so gesehen – und vielen Menschen geht es ähnlich. Obwohl ich gefühlt schon fast jede Figur hatte, jede Frisur getragen, jeden Kleidungsstil ausprobiert und den verschiedensten Körperidealen nachgeeifert habe, war ich nie wirklich zufrieden mit meinem äußeren Erscheinungsbild und meiner Person. Woran das lag? Weil ich der falschen Annahme erlegen war, dass sich eine Veränderung in meinem Aussehen positiv auf mein Grundproblem – meine fehlende Zufriedenheit – auswirken würde.

Lass mich das mit einem Vergleich veranschaulichen: Einen Mann plagen unangenehme Rückenschmerzen. Er geht zum Arzt und bekommt ein Schmerzmittel verschrieben. Im ersten Moment sind die Schmerzen gelindert, aber sobald er die Tabletten absetzt, verstärken sie sich wieder. Das liegt daran, dass das SYMPTOM und nicht die URSACHE behandelt wurde. Wichtiger wäre herauszufinden, woher die Rückenschmerzen kommen: Bewegt sich der Mann zu wenig? Hat er eine ungesunde Körperhaltung, bedingt durch tägliches, langes Sitzen? Sind die Probleme vielleicht psychisch bedingt? Man muss die Ursache finden, um das Problem dauerhaft zu lösen. Doch die Ursache zu finden erfordert Ehrlichkeit und ein schonungsloses Nachforschen in einem selbst, was nicht allen einfach fällt.

Ähnlich ist das bei der eigenen Figur. Den Gedanken »Ach, wenn ich nur so einen Po wie XY hätte, dann würde ich mich nicht mehr beklagen« hatten wir vermutlich alle schon einmal. Vielleicht wiederhole ich mich, aber ich kann es nicht oft genug sagen: Sobald du das eine erreicht hast – zum Beispiel die scheinbar perfekte Fi-

*Eines der ersten Fotos*
*nach der Implantat-*
*Entnahme*

gur –, fällt dir schon das Nächste ein, was optimiert werden könnte. Ich habe diese Erfahrung selbst gemacht und auch andere dabei beobachtet. Wieso das so ist? Die Ursache heißt ungesunder Ehrgeiz. Menschen mit ausgeprägtem Leistungsdrang tun sich schwer, zufrieden zu sein.

Bis zu einem gewissen Grad ist Selbstoptimierung nicht verwerflich, aber oft werden die Grenzen überschritten. Dabei wäre es viel besser, die Energie und das Optimieren auf andere Bereiche anzuwenden als das äußere

*Sei du selbst –*
*das kann niemand anders!*

Erscheinungsbild. Unsere Optik darf bei Weitem nicht das Einzige sein, auf das wir Wert legen. Stattdessen sollten wir überlegen, welche anderen Dinge es gibt, an denen wir arbeiten können und die uns im Endeffekt mehr Nutzen, mehr Zufriedenheit und mehr Lebensqualität bringen.

## Mein Tipp für dich

Trotz des gesellschaftlichen Drucks in Bezug auf dein Aussehen und deine Figur ist es wichtig zu verstehen, dass Zufriedenheit mit dir selbst nicht an irgendwelchen Problemzone liegt, sondern in deinem Kopf beginnt. Deine Selbstwahrnehmung ist gefragt! Die Wahrnehmung anderer sollte dich nicht zu sehr kümmern. Sei selbstbewusst! Definiere dich über mehr und hebe dich vom Oberflächlichen ab. Deine mentale Einstellung, deine Gedanken über dich selbst oder eine entsprechenden Situation – sie sind maßgebend, ob du glücklich bist oder nicht.

Verstehe das früher, als ich es getan habe. Liefere dich nicht demselben Druck und Verbesserungswahn aus. Passe dich nicht an. Versuche nicht, wie der Durchschnitt zu sein, um dazuzugehören. Sei du selbst, ganz egal, wie sehr dein Wesen vom gesellschaftlichen »Idealbild« abweichen mag. Deine Individualität und deine Einzigartigkeit sind einmalig!

# SELBSTZWEIFEL ÜBERWINDEN UND SELBSTBEWUSST AUFTRETEN

Manchmal bekomme ich zu hören: »Anja, jemand, der so aussieht wie du, hat leicht reden. Du bist ja perfekt, du kennst keine Selbstzweifel.« Kann man erst ab einem gewissen Körpergewicht oder einer bestimmten Kleidergröße über Selbstliebe reden? Gibt es ein Idealbild, um über Selbstliebe reden zu dürfen? Darf man sonst seine Mitmenschen nicht ermutigen, sich selbst mit mehr Liebe und Respekt zu begegnen? Ich bin der Annahme, man sollte Idealbilder vernichten.

Sonst wäre das praktisch dasselbe wie in der Modelszene. Man muss entsprechend aussehen, sonst ist man nicht dabei. Ich finde, das entsprechende Aussehen gibt es in der Welt der Selbstakzeptanz, Selbstliebe und Selbstfindung nicht. Zudem hast du nun meine Geschichte gelesen. Ich glaube, das ist »Beweis« genug, dass ich mich nicht immer einfach nur schön fand, sondern mit mir selbst gehadert habe, auch wenn manche behaupten mögen, mein Aussehen entspreche dem Idealbild, was es mir leicht machen würde.

*Dich selbst so anzunehmen, wie du bist, ist das größte Geschenk, das du dir machen kannst.*

> Ganz egal, wie schlank, toll und hübsch du bist, wenn du dich selbst
> mit den Augen anderer siehst, kennst du Selbstliebe nicht. Du sollst
> dich völlig unabhängig davon, wie du aussiehst, gern haben! Es soll
> dabei in keiner Weise um Äußerlichkeiten gehen.

Ein erster Umbruch in der surrealen vermeintlich perfekten Welt von Instagram
hat bereits stattgefunden. Ich bin froh, mit dem Teilen meiner Erfahrungen ein
kleiner Teil dieser Bewegung zu sein. Ich hoffe, dass ich nur eine der Ersten bin
und noch viele weitere einflussreiche Accounts nachziehen. Zudem wünsche ich
mir, dass durch das Verbreiten solch ehrlicher Botschaften immer mehr Menschen
den wahren Durchblick erhalten und sich nicht weiter verunsichern lassen.

## Mein Tipp für dich

- Versuche, dich von allem, was dir nicht guttut, zu distanzieren.

- Räume deinen Instagram-Account auf, entfolge jenen Leuten, die dir
  auf irgendeine Weise, auch wenn sie es nicht böse meinen, ein ungutes
  Gefühl geben. Verfahre genauso im echten Leben: Höre auf, mit dir
  alles machen zu lassen. Verlasse den Tisch, wenn keine Liebe mehr ser-
  viert wird. Quäle dich nicht.

- Schätze dich selbst wert!

# MOTIVATION FINDEN UND ZIELE ERREICHEN

Ich kann dir nicht genau sagen, was es ist, wie es genau aussieht oder wie ich es dich spüren lassen kann, aber seit ich klein bin, habe ich etwas in mir. Ich würde es als eine Art weißgoldenes Licht, das direkt unter meinem Herzen verankert ist und schließlich meinen ganzen Körper durchströmt, bezeichnen. Seit Tag eins ist es da. Jeden Tag. Das ist mein Versuch, sie zu beschreiben, meine starke Intuition davon, was ich aus meinem Leben machen will!

## Mein Tipp für dich

Auch du weißt tief in dir drin ganz genau, was deine Bestimmung ist, aber vielleicht bist du noch nicht so weit zu dir durchgedrungen. Manche stehen sich selbst näher, so wie ich heute, andere brauchen eben ein bisschen länger. Das ist absolut okay! Du bist nicht ohne Grund hier. Ich glaube, dass jeder Mensch eine bestimmte Aufgabe hat, die ihn erfüllt.

Was bereitet dir Freude? Wie entspannst du am liebsten? Was kannst du gut? Was sind deine Schwächen? Was tust du nur ungern?

Versuche, immer wieder selbst Bezug zu dir zu finden und somit zu erkennen, was du mit deinem Leben anstellen willst. Ganz egal, was es ist, wie unerreichbar es scheint oder wie absolut simpel es sein mag, das Einzige, was du vorerst brauchst, sind der Wille und der Glaube an dich selbst!

## Meine Selbstverwirklichung

Ja, ich wusste schon als kleines Mädchen, dass ich eines Tages in der Öffentlichkeit arbeiten würde. Ich habe mir nicht einfach nur vorgestellt, wie es wäre, meine eigene Firma zu haben und meine eigene Marke zu sein, ich habe es visualisiert und immer daran geglaubt, auch wenn ich in manchen Zeiten die Einzige mit dem Glauben daran war.

Heute ist es genau so gekommen, wie ich es mir schon damals gewünscht habe. Der Weg ist noch lange nicht zu Ende, aber ich habe bereits so vieles umsetzen können, wovon ich schon immer geträumt habe. Weil ich es so sehr wollte!

Es war nicht immer einfach, im Gegenteil! Ich würde sagen, es gab mindestens genauso viele Tränen, Kämpfe und Enttäuschungen wie Erfolgserlebnisse. Aber es hat sich gelohnt, niemals aufzuhören, für meinen Traum zu arbeiten.

Begonnen hat alles nicht vor, sondern hinter der Kamera! Im Alter von 15 Jahren nahm ich meine Ausbildung als Friseurin auf. Nicht unbedingt zur Freude meines Klassenlehrers; er meinte, ich könne mehr. Meine Großmutter teilte seine Meinung: »Mein Kind, du bist zu intelligent zum Haarezusammenwischen!« Zu intelligent? Haare zusammenwischen? Wie bitte?! Friseurin ist ein ansehnlicher Beruf! Jede Hairstylistin und jeder Hairstylist leistet täglich Schwerstarbeit, das weiß ich aus eigener Erfahrung.

Zusätzlich bildete ich mich im Bereich Make-up und Styling weiter und arbeitete lange bei einem Fernsehsender als Maskenbildnerin. Ich liebte diesen Job und erschien jeden Tag voller Motivation und Freude zur Arbeit, auch wenn der Beruf der Friseurin zu den schlechtbezahltesten in der Schweiz gehört.

## Mein Tipp für dich

Weißt du was? Das Geld darf bei deiner Berufswahl nie eine Rolle spielen! Viel wichtiger ist Freude, Antrieb, Motivation und Lust auf das, was du tust, denn genau das ist der Schlüssel zum Erfolg.

Folge immer deinem Herzen und tue das, was sich für dich allein richtig anfühlt. Übe keinen bestimmten Beruf aus, nur weil er gesellschaftlich höher positioniert oder besser bezahlt ist. Du wirst auf diesem Wege niemals den Elan und die Passion empfinden können, die unerlässlich sind, wenn du dein eigenes Imperium aufbauen willst. Ohne Leidenschaft wirst du es nicht weit bringen.

*Heute bin ich viel unterwegs – ob als Speakerin, Model oder für andere Aufträge. Spannend ist es immer!*

Schon immer habe ich gerne für Fotos posiert. Das weißgoldene Licht, die Vision davon, vor der Kamera präsent zu sein, hat mich nie verlassen. Ich begann, nebenbei zu modeln, und absolvierte später Kurse als Personaltrainerin. Einige Jahre arbeitete ich 200 Prozent.

Ich stand um 4:45 Uhr auf, damit ich um 5:30 Uhr im Fitnessstudio stehen konnte. Mein Tag begann damit, mein Kapital – meinen Körper – zu trainieren. Schließlich wollte ich eine gute Figur haben, um als Model arbeiten zu können. Ab 8:30 Uhr stand ich dann im Friseursalon, wo ich bis mindestens 18:30 Uhr arbeitete, bevor ich dann erneut ins Fitnessstudio ging, um meine Personaltrainingskundinnen zu trainieren. Ich trainierte drei bis vier Personen, vor allem Mädchen, pro Abend. Gegen 23:30 Uhr war ich zu Hause, kochte mein Essen für den nächsten Tag vor und packte es in Tupperware, denn ich machte während des Friseurjobs nie Mittagspause, sondern nutzte die Zeit für Online-Coachings und E-Mail-Austausch mit meinen Kundinnen.

So ging das eine ganze Weile lang. Jeden Tag. Irgendwann lief es – durch wachsenden Bekanntheitsgrad dank der Presse und Social Media – so gut, dass ich es mir erlauben konnte, mein Arbeitspensum als Friseurin Step by Step zu reduzieren und schließlich ganz zu kündigen. Ich war erst 20 Jahre alt, als ich mich komplett selbstständig machte. Es war ein Risiko, ohne fixes Einkommen zu sein, aber ich wusste, dass ich nur weiterkommen konnte, wenn ich mich voll und ganz auf mich selbst fokussierte.

*Wenn du Positives ausstrahlst, ziehst du auch Positives an. Wenn du negativ über die Situation denkst, wird sie auch nicht besser.*

Es war die beste Entscheidung meines Lebens, den Sprung zu wagen, auch wenn ich anfangs jeden Franken zweimal umdrehen musste. Ich erinnere mich, wie ich am Ende des Monats im Bett lag und die 28 Franken studierte, die noch auf meinem Konto waren. Wie viel würde mein Fitnessessen bis Ende des Monats noch kosten? Wo könnte ich sparen und was für eine Idee hatte ich noch, um mich zu finanzieren? Es hat schlussendlich immer irgendwie gereicht, da ich immer, immer, immer positiv an alles rangegangen bin.

Ich war selbst gespannt, wie weit ich es wohl ganz allein bringen konnte. Schließlich kamen mir permanent neue Ideen. Ich startete ein Sommercamp und arbeitete sieben Tage die Woche durch. Jeden Tag, von morgens früh bis abends spät, betreute ich Personaltrainingkunden. Ich tourte durch die ganze Schweiz und besuchte sie in ihren Fitnesscentern. Manche kamen auch zu mir nach Luzern. Es reisten sogar manche aus Deutschland und aus Österreich an.

Von da an nahmen die Dinge langsam, langsam ihren Lauf. Ich hatte Shootings für einige Magazine, Modeljobs und baute parallel meinen Draht zur Presse auf. Mein Instagram-Account wuchs stetig und dank meiner Ausdauer kam das eine zum anderen. Es geschah nichts über Nacht. Ich bekam zudem viel böses Blut zu spüren, denn nicht alle gönnten mir meinen Kampfgeist. Manche spotteten über mich, es sei absurd, als Luzernerin nach Los Angeles zu gehen, denn das war mein nächstes Ziel, nachdem ich zu Hause bereits einiges erreicht hatte. »Der werden die Augen schon noch aufgehen«, habe ich oft über mich sagen hören.

Ja, sie sind mir in der Tat aufgegangen. Ich bin durch meine damalige Fitnesssucht sehr tief gefallen, aber ich habe aus diesen Erfahrungen so viel lernen und für mich mitnehmen und daran wachsen können.

Nachdem ich 2015 begonnen hatte, mich wieder aufzuraffen, kämpfte ich mich erneut nach oben. Was ich schon einmal geschafft hatte, würde ich wieder schaffen! Mit demselben Glauben an mich und demselben Kampfgeist wie zuvor arbeitete ich erneut hart und holte mir meinen Platz zurück. Ich war zwar nie ganz von der Bildfläche verschwunden gewesen, aber ich stand – vor allem in der Schweizer Presse – sehr lange in einem negativen Licht.

Ende 2017 schloss ich mich dann endlich mit meinem Manager zusammen. Bis zu jenem Zeitpunkt hatte ich eine One-Woman-Show hingelegt. Na ja, sozusagen. Ich erfand bis zu meiner Zusammenarbeit mit meinem heutigen, echten Manager einfach einen fiktiven. Ich nannte ihn Dennis. Hinter dem fiktiven Dennis steckte niemand anders als ich selbst. Wieso ich das tat?

Zum einen wollte ich mein ganzes Imperium nicht blind in irgendwelche Hände abgeben, da ich haargenau wusste, wie gut ich selbst in Businessfragen war, und meine Vermarktung kaum jemandem zutraute. Andererseits wuchs mein Bekanntheitsgrad stetig, sodass es irgendwann komisch gewesen wäre, wenn »die bekannteste Fitnesspersönlichkeit der Schweiz« sich selbst verwaltete. Deswegen erfand ich einen Manager.

In Wirklichkeit meisterte ich eigentlich alles selbst. Meine gesamte Arbeit – von Content Creation, Presseterminen, Online-Coachings und Personaltrainings über YouTube-Video-Produktionen, Fotoshootings, Modeljobs, TV-Projekte und Moderationen bis zu Verträgen, E-Mails und Meetings – wickelte ich allein ab.

Zu meinem Glück hat mein Vater einen juristischen Hintergrund, was mir noch heute sehr zugute kommt, wenn es mal anspruchsvoller zu- und hergeht. Ohne ihn im Rücken hätte ich es nicht so gut allein hingekriegt. An dieser Stelle einen riesengroßen, herzlichen Dank an meinen Papa, meinen persönlichen Generalsekretär!

Über meinen selbst ernannten Dennis kommunizierte ich via E-Mail mit den Kunden und handelte meine Deals aus. Dies ermöglichte es mir, meine Person, Anja, zu schützen und gleichzeitig den knallharten, manchmal etwas sturen Manager geben zu können. Nur zu Meetings konnte Dennis komischerweise leider nie mitkommen und bei von Kunden gewünschten Telefongesprächen musste jedes Mal »ausnahmsweise« direkt ich rangehen, den Rest würde Dennis via E-Mail dann klären, wenn er aus dem Urlaub zurückkam… Mir fiel immer etwas ein und es funktionierte lange, bis es mir schließlich zu viel wurde.

Irgendwann konnte ich nicht mehr an allen Orten gleichzeitig sein und sah ein, dass ich mein Management besser an einen Profi abgeben sollte. Ziad El Semari ist mein Auserwählter. Er hat jahrelange Erfahrung im Künstlermanagement und vertrat schon Weltstars. Er ist kein fiktiver, sondern ein echter Manager, mein Partner in Crime, der für mich Verhandlungen und Meetings abwickeln kann, während ich mich auf meine Performance konzentriere.

Am 19. Dezember 2017 war ich endlich so weit, aus meiner »One-Woman-Firma« die Anja Zeidler GmbH zu gründen. Meine Tätigkeiten belaufen sich auf Social-Media-Marketing und Influencing, Vorträge zum Thema Digitalisierung und Selbstwahrnehmung in Zeiten von Social Media, Eventmoderationen, TV-Projekte, Modeljobs, Kampagnen und vieles mehr.

Zudem mache ich ein Fernstudium zur Fachberaterin für holistische Gesundheit an der Akademie der Naturheilkunde. Meine Fitness-Coachings musste ich etwas zurückschrauben, da ich ausgelastet bin. Zudem haben sich meine Philosophien geändert. Ich bin der Meinung, dass man mindestens genauso viel Zeit (wenn nicht sogar etwas mehr) in seine mentale Fitness wie in die physische stecken sollte, denn wenn ich mich mental gesund fühle, kann ich alles meistern: meine Essgewohnheiten, meine Lebensfreude, die Einstellung zu meinem Körper, meine innere Ruhe und Ausgeglichenheit und natürlich auch meinen geschäftlichen Antrieb.

## Wie du es schaffst, deine Ziele umzusetzen

Kommen wir nun dazu, wie auch du es schaffen kannst, an dich zu glauben und deine eigenen Ziele zu verwirklichen. Um Selbstständigkeit in meinem Bereich zu erlangen und sich als Marke in der Entertainment-Landschaft zu etablieren – was bestimmt nicht jeder Leser möchte, aber ich stelle fest, doch einige – gibt es keine todsichere Rezeptur. Oft lese ich auf Instagram Kommentare und Nachrichten im Sinne von: »Anja, ich glaube, ich könnte auch Influencer/Fitnessmodel/etc. werden, wo muss ich mich nun melden?«

> Der Weg ist nicht unmöglich! Wenn ich es kann, kann es jeder! Jeder, sofern er Folgendes verstanden hat:
>
> Es erfordert Arbeit, aber niemand kann einem genau sagen, was für welche.
>
> Es erfordert Fleiß, aber niemand kann einem genau sagen, wann man am Ziel ist.
>
> Es erfordert die richtige Einstellung – und das ist der Glaube an dich selbst! An dich, deine Idee und dein Talent!

So »simpel« ist es eigentlich. Und trotzdem stellen sich die Leute den Weg zur eigenen Selbstständigkeit oft klarer und einfacher vor, als er in der Tat ist. Wie eine klassische Lehrstelle: Man schreibt seine Bewerbung und sendet sie irgendwo hin. Kurz darauf erscheint man im TV und in der Presse und die Follower auf Instagram stellen sich ein.

Hier musst du umdenken! Du willst selbstständig werden, nicht jemanden darüber entscheiden lassen, ob du das Zeug dazu hast oder nicht. Denke um, vergiss das klassische Berufsleben, auf das du in der Schule vorbereitet wurdest.

Wenn es ein Geheimrezept geben würde, um deine eigene Marke zu werden, könntest du es hier lesen. Aber das gibt es nicht und das ist ja genau das Spannende und Reizvolle daran. Das Zauberwort heißt: kreieren!

◇◇◇◇◇◇◇◇◇

*Die Schule lehrt uns einiges, aber nicht das Leben!*

◇◇◇◇◇◇◇◇◇

Kreiere dich! Visualisiere deine Ziele und beginne noch heute mit der Arbeit! Natürlich nicht nur im Bereich der Entertainment-Landschaft, denn wie schon erwähnt, ich bin mir sicher, dass nicht alle meine Leser dasselbe Ziel wie ich verfolgen. Vielleicht träumst du von deinem eigenen Nagelstudio, deiner eigenen Anwaltskanzlei, deinem selbst erfundenen, revolutionären Küchengerät oder vielleicht geht es um ein ganz anderes, nicht einmal unbedingt berufliches Ziel – ganz egal was dein Traum, dein Wunsch, dein Ziel ist, visualisiere es!

Entschuldige dich nicht dafür, dich selbst an erste Stelle zu setzen. Für das Erreichen deiner Ziele musst du immer mal wieder auf private Anliegen verzichten und stattdessen in Arbeit investieren. Damit das gelingt, ohne dass du dich völlig aufreibst, teile dir so gut wie möglich fixe Arbeitszeiten ein! Sonst besteht schnell die Gefahr, dass du jeden Tag bis spät in die Nacht arbeitest und zu wenig Erholung hast oder umgekehrt bis mittags rein gar nichts schaffst. Du bist dein eigener Boss, was dein Herzensprojekt, deine Selbstständigkeit oder dein sonstiges Ziel

*Mein Tipp für dich*

Versuche, deine Gedanken klar zu fassen und bringe sie auf Papier. Erstelle dir eine To-do-Liste oder einen Strategieplan, wie du Step by Step an dein Ziel kommst. Vielleicht ist es noch sehr weit weg und vielleicht wird es Jahre oder sogar Jahrzehnte dauern, bis du es erreichst, aber du darfst niemals aufhören, an dich zu glauben.

angeht, du darfst und sollst flexibel sein. Das ist das Tolle daran, wenn du die Zügel selbst in die Hand nimmst. Aber bedenke, dass du es dir im Endeffekt einfacher machst, wenn du dir generell eine Struktur, eine To-do-Liste und/oder einen Zeitplan vorgibst.

Deine Arbeit muss deine Leidenschaft sein. Wenn dein Herzensprojekt generell nicht deine erste Priorität ist, wirst du nicht wirklich vorankommen und vermutlich scheitern. Du brauchst den Glauben an dich selbst und die Motivation dazu – und zusätzlich noch ordentlich Fleiß –, um zu erreichen, was immer du willst.

Weißt du, wie oft ich Freizeitaktivitäten mit Freunden absagen muss? Die ganze Zeit, weil viel Arbeit ansteht. Ich überlege mir dann immer, was mir in diesem Moment wichtiger ist. Manchmal ziehe ich Spaß mit Freunden vor, manchmal meine Arbeit. Wenn ich meine Arbeite vorziehe, komme ich voran und erreiche meine Ziele. Wenn ich die Dinge vor mich hinschiebe und stattdessen mit Freunden abhänge, dauert das Erreichen meiner Ziele meistens umso länger. Meistens, nicht immer! Es ist wichtig, dass du eine gesunde Balance findest und abschätzen kannst, wann dir was am besten tut.

Man sagt nicht umsonst, dass Erfolg einsam macht. Da ist etwas Wahres dran. Viele Freunde werden sich von dir abwenden, du wirst einiges verpassen und bei vielen Partys nicht dabei sein können. Es ist deine Entscheidung: Entweder du lässt deine Träume schleifen und genießt deine Freizeit mit Freunden oder du sagst ab, enttäuschst vielleicht deine Freunde, aber arbeitest daran, deine Ziele zu erreichen. Deine wahren Freunde werden deine Entscheidungen immer verstehen und dich unterstützen. Auf andere »Freunde« die dich nur ablenken und zum Nichtstun verleiten, solltest du vielleicht verzichten.

*Manchmal ist das Effektivste, was du machen kannst, nichts tun!*

Aber auch zu viel Arbeit führt dich nicht immer schneller ans Ziel. Irgendwann bist du erschöpft, dein Immunsystem wird schwach und du bist ein paar Tage lahmgelegt. Auch hier ist es wichtig, dass du die Signale richtig deuten und abwiegen kannst, was jetzt am meisten Sinn macht: Energie tanken gehen oder mit vollem Elan durchpowern.

Sei dir im Klaren, dass auch Niederlagen zum Erfolg gehören. Viele denken, Erfolg sei eine stetig ansteigende Kurve. Dem ist nicht so. Erfolg ist eine stetig auf- und absteigende Kurve, mit vielen Hochs, aber mindestens genauso vielen Tiefs. Das Wichtigste ist, nicht hinzuschmeißen und stets positiv zu denken.

Sende positive Energie, bleibe entspannt und in deiner Mitte. Nur, wenn du Positives ausstrahlst, ziehst du auch Positives an. Wenn du nach außen gestresst, unsicher, selbstzweifelnd und überfordert wirkst, wird keine einzige Marke, kein Kunde, kein Investor und auch sonst keine Person in deinem Umfeld etwas von dir haben wollen.

*Es gibt keinen Lift zum Erfolg. Du musst die Treppe nehmen!*

Wenn du also deinen Wunsch und dein Ziel klar visualisiert hast und vor dir siehst, geht es eigentlich nur noch um deinen Fleiß und den Glauben an dich selbst. Dies hängt natürlich zu einem großen Stück von deinem Selbstvertrauen ab. SELBST-LIEBE! Einmal mehr erkennen wir, wie sie in jedem Bereich unseres Lebens eine immens wichtige Rolle spielt! Wie schaffst du es also, dich selbst zu mögen und an dich zu glauben? Du musst es einfach tun! That's it! Denn wenn du es nicht tust, wird es keiner tun.

Auch wenn du vielleicht selbst gewisse Dinge noch nicht ganz genau durchdacht hast, wenn du jemandem deine Idee verkaufen oder deinen Wunsch erklären willst, musst du so auftreten, als hättest du alles bereits erreicht. Dies meine ich keinesfalls im Sinne von Protzen! Du musst davon überzeugt sein, es klar visualisiert haben und es dir absolut zutrauen, sodass du selbst glaubst, dass du all das bereits erreicht hast. Auf diese Weise wird auch dein Gegenüber (Einzelperson, Masse, Investor oder Firma) deine Vision sehen.

> Traue dir selbst Großes zu! Du bist zu so viel mehr fähig, als du denkst! Du willst dich nicht eines Tages fragen müssen: »Was wäre, wenn ich es gewagt hätte?«
>
> Lass dir Zeit, denke jeden deiner Schritte gut durch, aber höre auf dein Bauchgefühl. Lass dich nicht von anderen irritieren, ablenken oder kleinreden.
>
> Falle siebenmal hin. Stehe achtmal wieder auf!
>
> Glaube an dich!

# Anhang:
# Übungen für mehr
# Selbstliebe

Selbstliebe ist etwas, das nicht über Nacht passiert,
sondern eine Übungssache, die Geduld und Nachsicht
mit dir selbst erfordert. Bei der Selbstliebe ist es
völlig egal, wie du aussiehst. Jeder kann sich selbst
lieben, sofern er stark genug ist. Auf den nächsten
Seiten gebe ich dir Anregungen, wie du dich
in Selbstliebe üben kannst. Deine eigenen
Gedanken dazu kannst du auf den
Notizseiten festhalten.

# ÜBUNGEN FÜR MEHR SELBSTBEWUSSTSEIN UND SELBSTBEWUSSTES AUFTRETEN

Wer selbstbewusst ist und das nach außen ausstrahlt, geht einfacher durchs Leben. Hier ein paar Anregungen von mir, wie du dein Selbstbewusstsein stärken kannst.

## Übung 1

Eine gesunde Körperhaltung ist nicht nur für deine physische Gesundheit wichtig, sondern auch für deine Psyche, da sie sich auf deine Körpersprache und damit

auf dein ganzes Auftreten auswirkt. Hast du schon mal auf die Haltung von Menschen geachtet, die du attraktiv findest? Wie sitzen sie da und wie wirkt das? Eingefallen, nachdenklich und unsicher oder aufrecht, fröhlich und lebendig? Gehe mit einer aufrechten Haltung durch den Alltag, mit einem Lächeln, mit Stolz und Selbstsicherheit. Das wirkt nicht nur nach außen selbstbewusst, es macht dich auch selbstbewusst, weil du im wahrsten Sinne des Wortes aufgerichtet bist.

*Mit einer aufrechten Körperhaltung wirkst du nicht nur selbstbewusster, du fühlst dich auch so.*

*Du hast so viele Talente, die in dir stecken – bei mir ist es zum Beispiel das Malen*

Trainiere dir eine aufrechte Körperhaltung an. Mache dir zunächst bewusst, wie deine Haltung jetzt im Moment ist. Hängen deine Schultern nach vorn, gehst du gebeugt? Hast du deine Arme oft verschränkt oder die Hände gelangweilt in der Hosentasche? Richte dich auf. Ganz bewusst. Versuche, dich im Alltag immer wieder daran zu erinnern. Mache dir klar, wie deine Haltung ist, und richte dich auf.

## Übung 2

Mache eine Liste mit deinen Talenten. Was kannst du besonders gut? Schreibe einfach alles auf und glaube nicht, dass es etwas Besonderes oder Außergewöhnliches sein muss. Schreibe auf, welche Begabungen du hast: Bist du musikalisch, kannst du andere zum Lachen bringen, hast du ein Talent für Fremdsprachen, kannst du weit springen, hast du einen grünen Daumen, bist du ein guter Zuhörer?

Lies diese Liste ab und zu durch und mache dir bewusst, dass du ein besonderer Mensch bist, dass du Fähigkeiten und Talente hast, die andere in dieser Kombination nicht haben. Sieh dich selbst in einem positiven Licht.

## Übung 3

Höre auf, dich selbst zu kritisieren. Ja, das machst du. Bestimmt sagst du dir zwischendurch Sachen wie »Ich bin einfach viel zu dick«, »Ich bin schlecht in meinem Job« oder »Niemand mag mich«. Das tut dir nicht gut, aber du kannst lernen aufzuhören, auf diesen inneren Schweinehund zu hören.

Wenn sich der innere Schweinehund das nächste Mal meldet, dann schreie innerlich Stopp! Lass ihn einfach nicht ausreden. Werde dir deines inneren Schweinehundes bewusst und entwickle eine lockere Haltung zu ihm. Wenn er also sagt »Boah, bist du blöd«, dann denk dir einfach: »Ja ja, laber du nur, du hast ja keine Ahnung.«

## Übung 4

Vergleiche dich nicht immer mit anderen. Klar, gibt es Leute, die mehr verdienen, schlauer sind, schöner sind, erfolgreicher sind als du. Na und? Geht es denen wirklich besser? Frage dich mal: »Würde ich mein Leben mit ihrem tauschen wollen?« Und?

## Übung 5

Lächle! Klingt einfach, ist es auch. Erinnere dich immer mal wieder daran, einfach zu lächeln. Das verbessert nicht nur sofort deine Ausstrahlung gegenüber anderen, es führt auch dazu, dass bei dir Glücksgefühle ausgeschüttet werden und du dich direkt gut fühlst.

## Übung 6

Lerne, ehrlich zu dir selbst zu sein. Macht dir deine Arbeit Spaß? Bist du in deiner Beziehung glücklich? Sei ganz ehrlich zu dir und mache dir bewusst, was in deinem Leben gut läuft und was nicht. Nicht schlimm, wenn es nicht gut läuft. Denn nur, wenn du das erkennst, kannst du handeln und es ändern – und es nicht in dich hineinfressen, sodass es dich runterzieht.

*Ein Lächeln tut so gut!*

# Notizen

# ÜBUNGEN ZUM UMGANG MIT KRITIK

Mit den folgenden Übungen wird es dir leichter fallen, mit der Kritik anderer Menschen umzugehen und sie zu verarbeiten.

## Übung 1

Übe mit einer Freundin/einem Freund. Kritisiert euch gegenseitig und übt dann eure Reaktionen ein. Bevor du etwas auf die geäußerte Kritik erwiderst, halte einen Moment lang inne und überlege, wie du dich durch diese Kritik fühlst. Ist etwas Wahres daran? Hat der Kritisierende recht mit dem, was er sagt, oder hetzt er nur? Denke darüber nach, ob er kritisiert, weil er es gut mit dir meint oder weil er dich schlecht machen will. Und reagiere erst dann.

## Übung 2

Wenn du zu Recht für etwas kritisiert wurdest, gehe nicht in die Schmollecke und denke: »Der ist doof und mag mich nicht.« Reflektiere, wo dein Fehler lag, was du anders oder besser machen kannst – und ob du das willst. Nimm dir dafür ganz bewusst Zeit.

Etwas, das nicht alle Menschen besitzen, ist Einsicht und die Stärke, sich zu entschuldigen. Wenn du erkennst, dass du einen Fehler gemacht hast, sehe es ein, stehe gerade dafür und entschuldige dich. Dann kann dir kaum einer mehr böse sein, denn Fehler zu machen ist menschlich. Dazu zu stehen beweist echte Größe und wird dich im Leben weiterbringen.

*Über Kritik nachzudenken lässt einen vieles klarer sehen.*

## Übung 3

Nimm dir das Recht, nicht sofort auf eine geäußerte Kritik zu re-agieren. Du darfst gerne so etwas erwidern wie »Ich lasse mir deine Kritik in Ruhe durch den Kopf ge-hen«. Übe auch das immer mal wieder mit Freunden und lerne dadurch, Kritiker auch schneller abzuwürgen.

## Übung 4

Nimm dir ungerechtfertigte Kritik nicht zu Herzen. Wenn du merkst, dass jemand etwas sagt, um dich zu verletzen oder klein zu machen, denke daran, dass eine solche Kritik meist daher kommt, dass der andere mit sich und seinem Leben un-zufrieden ist. Sage dir in solchen Situationen selbst, dass diese Kritik nur etwas mit dem Kritiker, nicht aber mit dir zu tun hat und dir nichts anhaben kann.

## Übung 5

Gehe mit ungerechtfertigter Kritik nicht patzig oder schnippisch, sondern souve-rän und überlegen um. Lächle dein Gegenüber an und antworte freundlich, aber bestimmt etwas wie »Ich danke dir für deine persönliche Meinung zu mir«. Erkläre dich nicht, sage nicht, wie du es siehst – das hast du gar nicht nötig. Denn je mehr Erklärungen du lieferst, desto mehr wird dein Kritiker auf diese eingehen und ver-suchen, sie schlecht zu machen. Denke immer daran: Du bist nicht so, wie diese Person dich sieht!

Dasselbe gilt übrigens auch, wenn du im Alltag auf gereizte Personen stößt. Du fährst zum Beispiel in einer fremden Stadt auf der Suche nach der Hausnummer deines Zielorts etwas langsamer und wirst deswegen von einem gestressten Autofahrer angehupt und mit Handzeichen aggressiv zurechtgewiesen. Weißt du, was ich in so einer Situation mache? Ich lächle und werfe ihm ein Küsschen zu! Oft führt das dazu, dass der gerade noch so aggressive Autofahrer lachen muss oder zumindest schmunzelnd den Kopf schüttelt und entspannt weiterfährt. Ich bin mir ganz sicher, dass er sein Verhalten danach überdenken und sich fragen wird, wieso er so überreagiert hat. Lass dich nie aus der Ruhe bringen, sondern bleibe einfach immer freundlich. Das beweist wahre Größe und Gelassenheit – das A und O im Leben!

## Übung 6

Nimm nicht jede Kritik an und nimm sie vor allem nicht persönlich. Selbst, wenn sie in diesem bestimmten Fall stimmt, ist sie nicht unbedingt böse gemeint. Wenn beispielsweise ein Modefirma dich für einen Job ablehnt, weil du Locken hast, sind weder deine Locken schlecht noch bist du hässlich. Locken passen einfach gerade nicht zu diesem Job, sind aber beim nächsten Mal vielleicht total gefragt.

Wenn du von einer Person, die du attraktiv findest und die dich interessiert, abgelehnt wirst, heißt das nicht, dass du nicht gut genug oder unattraktiv bist. Akzeptiere die Ablehnung und gehe weiterhin aufrichtig durchs Leben. Sei froh, dass dir die Person ehrlich mitgeteilt hat, dass sie kein Interesse daran hat, dich kennenzulernen, oder emotional nicht verfügbar ist. Es wäre schmerzhafter, wenn du Monate oder sogar Jahre mit dieser Person verbringen und sie dir erst dann mitteilen würde, dass sie sich nicht zu dir hingezogen fühlt. Eine sofortige Ablehnung kann dich in diesem Fall vor Verletzungen und Enttäuschungen bewahren. Und außerdem: Andere Mütter haben auch schöne Söhne oder Töchter!

# Notizen

# ÜBUNGEN ZUM GRENZENSETZEN UND AUCH MAL NEINSAGEN

Wie oft tun wir etwas, das wir gar nicht wollen, weil wir vielleicht Angst vor der Reaktion der anderen haben, Angst vor Ablehnung, Angst, dass der andere schlecht über uns denkt. Und dann fühlen wir uns schlecht. So kannst du lernen, Nein zu sagen und Grenzen zu setzen.

## Übung 1

Mache dir deine Bedürfnisse und deine Wünsche bewusst. Wenn du weißt, was du willst, kannst du dieses Ziel auch viel besser verfolgen. Dasselbe gilt für Dinge, die du nicht willst. Überlege dir also vor einer bestimmten Situation, wozu du bereit bist. Wenn du zum Beispiel weißt, dass eine Freundin bald umzieht und um Hilfe bitten wird, überlege dir vorher, ob du dazu bereit bist und in welchem Maße. Dann fällt es dir auch leichter, das zu äußern und durchzusetzen.

## Übung 2

Lerne, auf deinen Bauch zu hören. Wenn dich jemand um etwas bittet oder gar etwas fordert und du dich irgendwie unwohl dabei fühlst, tue das nicht einfach ab. Denn dein Bauch sagt dir gerade, dass bei dir eine Grenze erreicht ist. Und diese Grenze darfst und solltest du einhalten.

## Übung 3

Überlege, ob es Alternativen gibt. Nicht immer muss man Nein sagen, man kann auch mal sagen: »Das passt mir gerade nicht, aber übermorgen kann ich mir gerne eine Stunde Zeit dafür nehmen.« Wenn du ein Gegenangebot machst, signalisierst du keine generelle Ablehnung, ziehst aber gleichzeitig deine persönliche Grenze.

*Dein Bauchgefühl hilft dir immer,
die für dich richtige Entscheidung
zu treffen.*

## Übung 4

Lerne in kleinen Schritten, Nein zu
sagen. Denn Neinsagen fällt uns
meistens doch unglaublich schwer.
Übe in einfachen Alltagssituationen
ein klares, aber freundliches Nein.
Je öfter du das geübt hast, desto
leichter wird es dir auch in wichtigen
Situationen fallen.

Beispiel: Du wirst in der Fußgänger-
zone angesprochen, ob du Zeit für
ein Interview hast. Lass dich nicht
bequatschen, sondern sage klar und deutlich Nein und gehe weiter. Oder an der
Kasse fragt dich jemand, ob du ihn vorlassen kannst. Sage einfach mal Nein, ohne
dir gleich wieder ein schlechtes Gewissen zu machen.

## Übung 5

Deine Grenzen solltest du klar kommunizieren und dann auch dabei bleiben.
Wenn du ganz deutlich machst, wozu du bereit bist und wozu nicht, weiß der
andere auch, woran er ist. Und dann lass dich nicht überreden, egal ob er lobt,
schmeichelt, schimpft oder droht. Bleibe bei deinen gesetzten Grenzen, denn
wer sie einmal überschreiten darf, wird es immer wieder versuchen.

# Notizen

◇◇◇◇◇◇◇◇◇◇◇◇◇◇◇◇◇◇◇

# ÜBUNGEN, DIE DIR HELFEN, DICH SELBST ANZUNEHMEN UND ZU LIEBEN

Die folgenden Übungen solltest du so oft wie möglich in deinen Alltag integrieren. Führe sie ganz bewusst und in Ruhe durch und nimm dir Zeit für sie.

## Übung 1

Höre auf, negativ über dich selbst zu denken. Hole dir ein Blatt Papier und einen Stift und schreibe alles auf, was dir an dir selbst nicht gefällt. Nimm dann ein zweites Blatt und versuche, all das, was du an dir nicht magst, in positive Worte umzuformulieren. Das kann zum Beispiel so aussehen:

- Vorher: Ich hasse meine Speckrollen!
  Nachher: Ich genieße mein Leben, ohne Kalorien zu zählen!
- Vorher: Meine Nase ist zu groß!
  Nachher: Ich wurde mit einer funktionstüchtigen Nase geboren!
- Vorher: Mein Po ist zu klein!
  Nachher: Ich habe eine zierliche Figur!
- Vorher: Mein Po ist zu dick!
  Nachher: Ich bin eine Frau mit Kurven und trage sie mit Stolz!
- Vorher: Ich bin chaotisch!
  Nachher: Ich bin kreativ!
- Vorher: Ich bin ungeduldig!
  Nachher: Ich bin fleißig und habe die Dinge nun mal gerne beizeiten erledigt!

Alles ist eine Frage der Einstellung. Es gibt so viele verschiedene Sichtweisen. Wieso solltest du die negative wählen? Denke positiv! So lässt es sich viel angenehmer leben und außerdem viel leichter an Kleinigkeiten arbeiten. Wenn du positiv denkst, erledigen sich Dinge plötzlich fast wie von selbst.

## Übung 2

Schreibe alles auf, was dir an dir gefällt! Charaktereigenschaften sowie auch Körpermerkmale. Notiere es auf einem Zettel, den du an deinen Badezimmerschrank hängst, sodass du jeden Morgen vor Augen hast, was an dir toll ist! Oder halte ein paar Zeilen in deinen Handy-Notizen fest und erinnere dich unterwegs immer wieder daran, indem du die Notiz öffnest.

## Übung 3

Koche für dich selbst – aber richtig! Wenn wir für Freunde kochen, decken wir den Tisch schön, geben uns Mühe und richten die Speisen schön an. Wieso nicht auch mal nur für uns selbst? Behandle dich selbst so, wie du einen guten Freund behandeln würdest. Tue dir etwas Gutes und trage Sorge um dich.

## Übung 4

Gehe raus an die frische Luft, ohne dein Handy! Schaue nicht ständig darauf, denn es beeinträchtigt dich psychisch. Gerade soziale Medien können dich an deiner eigenen Wertschätzung hindern. Gönne dir mindestens einmal pro Woche einen kleinen Spaziergang, auch wenn es nur 15 bis 20 Minuten sind. Sei dabei bewusst nicht erreichbar und lass mal alles für einen Moment los. Konzentriere dich bei deinem kleinen Spaziergang durch den Wald, die Stadt, an einem kleinen See oder auch nur um deinen Block nur auf dich selbst.

*Sich selbst mit leckerem Essen zu verwöhnen, trägt auch zu einem gesunden Selbstwertgefühl bei.*

*Yoga hilft mir sehr dabei, mich wohlzufühlen.*

## Übung 5

Gehe noch einen Schritt weiter: Probiere mal Yoga oder Meditationsübungen aus. Wenn du keinen Gefallen daran findest, völlig okay, dann lass es bleiben. Aber Probieren geht über Studieren.

Mir persönlich gefällt Yoga als Bewegungstraining, da es nicht um Leistung, Gewicht oder Körperfettanteil geht, sondern um deine innere und deine mentale Gesundheit, die wir oft vernachlässigen. Dabei spielt diese eine fast wichtigere Rolle, was unser Wohlbefinden angeht, als sportliche Spitzenleistungen und das Erreichen von Erfolgen. Früher habe ich beim Training oft an die bereits verbrannten Kalorien gedacht oder mich gefragt, ob ich am nächsten Tag genug Muskelkater haben würde, damit mein Körper sich verbessert. Beim Yoga habe ich noch nicht ein einziges Mal daran gedacht, ob ich nun bald eine schönere Figur haben werde. Das kam wie von allein, als ich losgelassen und aufgehört habe, ständig daran zu denken.

## Übung 6

Stelle dich jeden Tag ein paar Minuten vor den Spiegel. Schaue dich an. Akzeptiere dich so, wie du bist. Blicke dir in die Augen und sage laut zu dir selbst: »Ich bin einzigartig, ich bin schön, ich nehme mich so an, wie ich bin. Ich mag mich!«

Denn genau das bist du! Vielleicht weißt du es noch nicht, vielleicht haben dir andere Menschen suggeriert, dass du es nicht seist. Doch du bist einzigartig, schön und wunderbar, so wie du bist!

## Übung 7

Sorge dafür, dass du dich in deiner Haut wohlfühlst. Trage Kleidung, die dir gefällt und mit der du dich gut findest. Gönne dir Zeit, dich zu pflegen.

## Übung 8

Mache dir bewusst, dass du – wie jeder Mensch – Stärken und Schwächen, gute Seiten und Fehler hast, und nimm diese an. Das bist du, du ganz allein, und das macht dich aus. Ja, du darfst auch Schwächen und Fehler haben, denn die gehören zum Menschsein dazu. Wenn du mal wieder mit dir haderst, weil dir etwas an dir selbst nicht passt oder du zum Tausendsten Mal denselben Fehler gemacht hast, halte inne, bevor du dich selbst fertigmachst, und denke ganz bewusst: »Das bin ich und so bin ich gut. Ich darf mal was falsch machen, ich muss nicht immer perfekt sein.«

*In Kleidung, die du magst, fühlst du dich gleich besser.*

## Notizen

# SCHLUSSWORT

Alles geschieht aus einem Grund und hat seine Richtigkeit. Vielleicht hätte ich mir durch teilweise anderes Handeln einige Krisen, Selbstzweifel und Missgeschicke ersparen können. Was wäre, wenn alles anders gewesen wäre? Hätte, wäre, könnte! Fakt ist, dass mein Buch in dieser Form nie zustande gekommen wäre, wenn ich anders gehandelt hätte, und das fände ich schade.

*Denn vergiss nie:
Sei glücklich, nicht perfekt!*

Auch du schreibst dein Buch. Vielleicht nicht physisch, aber in Gedanken. Lösche keine Seite daraus. Blättere immer mal wieder zurück, blicke auf deinen bereits zurückgelegten Weg und realisiere, was du aus deinen Erfahrungen gelernt hast.

Ich hoffe, ich konnte mit meinen Erfahrungen und Erkenntnissen vielen – gerade jungen – Frauen Mut machen und vielleicht sogar einige davor bewahren, sich selbst zu verlieren. Du musst dem Perfektionismus nicht hinterherrennen, um glücklich zu sein.

Du bist nicht glücklicher, wenn dein Leben perfekt ist. Perfekt gibt es in dieser Hinsicht nicht, auch wenn unsere Perfektionsgesellschaft uns das suggeriert. Glücklichsein hat nichts mit Perfektion zu tun.

Schätze, was du hast. Schätze, wer du bist. Schätze deine Gesundheit. Sei stolz auf deine täglichen Leistungen, auch wenn es vielleicht nur Kleinigkeiten sind. Habe Geduld mit dir. Beende den Kampf mit dir und habe dich selbst gern!

Höre auf, Erwartungen anderer gerecht werden zu wollen. Erfülle deine eigenen, aber höre auf, dich zu überfordern. Sorge dich um dich selbst!

Entscheide dich zum Glücklichsein. Jetzt!

*Deine Anja*

# ÜBER DIE AUTORIN

Anja Zeidler wurde am 27. Juli 1993 in Luzern, Schweiz geboren und wuchs als jüngstes von zwei Kindern in einer vierköpfigen Familie auf. Anja wurde bereits im Kindesalter als Model entdeckt und fand im Rampenlicht schnell ihre Leidenschaft und Bestimmung.

Im Alter von 15 Jahren entschied sie sich nach ihrem Schulabschluss für eine Berufsausbildung zur Friseurin. Neben ihrer Tätigkeit als Hairstylistin und Make-up-Artist bildete sie sich zur Fitnesstrainerin weiter und verhalf vor allem Frauen durch Personaltraining zu ihren gewünschten Fitnesserfolgen. Nebenbei arbeitete sie stets als Model.

Bereits im Alter von 19 Jahren setzte Anja alles auf die Karte der Selbstständigkeit und wurde zum bekanntesten Fitnessmodel der Schweiz. Doch bald lernte sie die Schattenseiten der Branche kennen: Sie riskierte alles für den perfekten Körper, griff zu Anabolika und legte sich für eine Brustvergrößerung unters Messer. 2015 kehrte sie der Branche den Rücken und dokumentierte ihren Wandel zurück zur Natürlichkeit und somit ihrem eigentlichen Ich auf Social Media.

Heute gilt Anja als eine Inspiration zum Thema Selbstliebe und als Vorbild für einen gesunden Lebensstil. Sie zählt zu den größten Social-Media-Influencerinnen der Schweiz – auch wenn sie sich selbst nicht gerne Influencerin nennt – und führt seit Dezember 2017 als CEO ihre eigene Firma, die Anja Zeidler GmbH. Anja tritt regelmäßig als Motivationsrednerin auf, hielt einen TEDx-Talk zum Thema Selbstwahrnehmung in Zeiten von Social Media, wirkt in diversen TV-Formaten mit und ist aus der Schweizer Entertainmentlandschaft kaum noch wegzudenken.

# DANKSAGUNG

Als Erstes möchte ich mich bei den für mich wichtigsten Menschen und besten Eltern der Welt – Bea und Sven – und meinem Bruder Jan bedanken. Ihr habt alles richtig gemacht. Ich war nicht immer einfach als Kind und Schwester. Ich bedanke mich für eure Engelsgeduld, Nachsicht, eure menschliche Unterstützung, eure Mithilfe in meiner Firma, dass ihr immer zu mir gehalten habt, für mich da wart und noch immer seid!

Danke auch an Remo für viel mehr als nur den Weg zu Fitness, Angel, vell Liebi ohni Wort, Pascal Baron Heimlicher fürs Immer-an-mich-Glauben, Sarah Brie und Georgia fürs Immer-da-Sein trotz 8000 Kilometer Distanz, Sibylle Wyrsch für die Stunden auf der Couch, Sarah Studhalter für den Schlüsselmoment, und an meine Besten, Lena und Jacky, für die lebenslange Freundschaft, das Beistehen hinter den Kulissen und fürs Immer-an-mir-Dranbleiben, trotz meiner vergangenen Entfernung.

Ich danke Andrea, Barbara, Claudio, Dario, Fanni, Gaby, Katharina K., Lea, Livio, Marie-Louise, Mira, Noel, Patrick O., Simi, Sina, Viola, Yannick, Yvonne, Ziad und jeder weiteren Person, die ich in meinem Leben kennenlernen und zu meinen Freunden zählen darf und durfte, jedem Einzelnen meiner Follower, Begleiter und Beobachter!

Und last but not least danke ich mir selbst! Danke an mich selbst fürs Niemals-Aufgeben, Immer-an-mich-Glauben, Immer-wieder-Aufstehen und Weitermachen! SO MUCH SELFLOVE!!!!!!!